핵무기

한국의 반핵문화를 위하여

정욱식

평화네트워크(www.peacekorea.org) 대표. 고려대 정치외교학과를 졸업했고, 북한대학원 대학교 군사안보 전공으로 북한학 석사학위를 받았다. 주요 경력으로는 MD 저지와 평화실현공동대책위원회 공동 집행위원장, 〈한겨레신문〉 언론비평위원, 노무현 정부 대통령직인수위원회 통일 · 외교 · 안보 분과 자문위원, 미국 조지워싱턴대 객원연구원 등을 지냈다. 2004년에는 〈한겨레신문〉이 뽑은 "미래의 한국을 이끌어나갈 100인"에 선정되었다. 주요 저서로는 『21세기의 한미동맹은 어디로』(2008년, 한울), 『북핵, 대파국과 대타협의 분수령』(2005년, 창해), 『동맹의 덫: 지독한 역설, 두 개의 코리아와 미국』(2005년, 삼인), 『2003년 한반도의 전쟁과 평화』(2003년, 이후) 등이 있다.

강정민

서울대 원자핵공학과를 졸업하고 일본 동경대학 시스템양자공학전공에서 핵공학 박사학위를 취득했다. 한국원자력연구원 연구원을 거쳐, 미국 프린스턴대학 과학국제안보프로그램과 스탠퍼드대학 국제안보협력센터에서 객원연구원을 지냈다. 현재는 스탠퍼드대 경제정책연구소에서 객원연구원으로 머물면서 북핵 문제와 원자력 문제 전문가로 활동하고 있다. 국내외 매체에 활발한 기고 활동도 병행하고 있다.

1판 1쇄 발행 | 2008년 8월 20일
1판 3쇄 발행 | 2011년 8월 30일
지은이 | 정욱식 · 강정민
펴낸이 | 홍덕률
펴낸곳 | 열린길
경북 경산시 진량읍 대구대로 201
전화 053) 850-5661~3 | 팩스 053) 850-5669
홈페이지 주소 | http://press.daegu.ac.kr/
등록 | 2007년 4월 19일 제2007-3호
찍은곳 | 동아문화사
ISBN 978-89-959583-3-9-04340
값 10,000원

핵무기

한국의 반핵문화를 위하여

정욱식 · 강정민 공저

•서　문

인간세계의 절대반지, '핵무기'

영화 〈반지의 제왕〉은 절대반지를 파괴하기 위해 프로도, 간달프, 아라곤 등 9명의 '반지원정대'가 불의 산으로 향하면서 사우론을 비롯한 사악한 세력과 맞서 결국 승리한다는 내용을 담고 있다. 판타지 영화의 새로운 장을 열었다는 이 영화는 절대반지를 손에 넣으면 절대권력을 가질 수 있다는 욕망과 그러한 욕망이 모두의 공멸을 가져올 것이라는 이성 사이의 끊임없는 갈등을 그려냈다. 결국 이 영화는 평생을 절대반지의 노예로 살면서 (악한) 골룸과 (선한) 스미골이라는 두 개의 성격을 갖고 있는 한 생명체가 '불의 산'의 용암으로 떨어져 절대반지와 함께 운명을 다하는 것으로 막을 내린다.

이 책의 서문을 쓰면서 '반지의 제왕'을 떠올린 이유는 절대반지를 둘러싼 온갖 군상의 욕망과 이성 사이의 갈등이 흡사 핵무기를 둘러싼 오늘날 인류 사회의 모습과 비슷하다고 느꼈기 때문이다. 당사국들은 기분 나쁘겠지만, 국제사회에서 절대무기를 갖고 절대권력을 휘두르려는 오늘날 미국의 모습에서는 절대권력을 눈앞에 두고 무너져 내린 사우론이, 절대반지를 두고 끊임없이 괴로워하다가 결국 그 반지와 함께 운명을 다한 골룸의 모습에서는 북한이 떠오르기도 한다. 물론 미국과 북한은 사우론과 골룸의 전철을 밟지 않을 것이라는 확신과 함께. 가장 중요하게는 결국 절대반지를 파괴한 주인공은 가장 나약한 존재로 비춰진 호빗족이었다는 것을 떠올리면서, 핵무기라는 '인간세계의 절대반지'를 없앨 수 있는 힘도 반핵평화운동과 같은 작은 힘들이 모여 나올 것이라는 믿음과 다짐을 하게 된다.

핵무기라는 절대무기의 등장은 핵무기를 갖고 싶어하는 욕망과 이 무기를 없애야 한다는 이성을 동시에 가져왔다. 가진 자는 더 갖겠다는 것으로, 없는 자는 갖겠다는 것으로 표출된 욕망은 핵군비경쟁과 핵무기 보유 확산으로 이어졌다. 이로 인해 한 때 지구상에는 7만개가 넘는 핵무기가 존재했었고, 오늘날에도 3만개 가까이 남아 있다. 인류는 지구를 수십번 파괴할 수 있는 가공할 폭탄과 불안한 동거를 하고 있는 셈이다. 그러나 인류의 생존을 절대무기에 의존해서도 안 되고 의존할 수도 없다는 이성은 반핵평화운동을 등장시켰다. 때로는 고독하고, 때로는 허무할 수도 있는 반핵평화운동은 핵무기가 존재하는 한 계속될 것이다.

흔히 오늘날 인류 사회의 핵무기 위협은 크게 네 가지로 거론된다. 첫째는 현존 핵보유국들이 핵무기를 폐기하지 않음으로써 제기되는 형평성과 핵무기 사용의 문제이고, 둘째는 북한, 이란 등에서 알 수 있듯이 일부 국가들이 핵무기 개발을 추구함에 따라 나타나는 핵확산의 위험이다. 셋째는 9.11 테러 이후 그 위험성이 강하게 제기되고 있는 '핵 테러리즘'의 문제이고, 끝으로 핵무기나 핵물질을 보유한 국가들이 망했을 경우에 제기되는 안전성의 문제이다.

그러나 핵무기의 위험성은 보다 근본적인 데 있다. '핵 억제론'으로 일컬어지는 핵무기에 의한 평화는 그 무기가 사용되는 순간 모두가 죽게 된다는 '공포의 균형'에 기초하고 있다. 인간이 너 죽고 나 죽고 모두가 죽게 되는 어리석은 일은 하지 않을 것이라는 인간 이성의 최저치에 대해 호소하고 있는 것이다. 인간 스스로가 자신을 포함한 모든 생명체를 죽일 수 있는 무기를 만들고 계속 갖고 있으면서, 모두가 죽는 어리석은 행동은 하지 않을 것이라는 믿음을 갖고 있는 것이야말로 인류사회가 직면한 지독한 역설이자 "인류사회에 대한 모독"이다.

그렇다면 인류사회는 왜 유독 핵무기에 주목하는 것일까? 흔히 화학무기와 생물무기도 핵무기에 버금가는 살상 무기라고 일컬어진다. 이에 따라 이들 무기는 핵무기와 더불어 대량살상무기WMD라고 불린다. 그러나 화학무기와 생물무기는 핵무기만큼 파괴력을 갖지 않을뿐더러, 상당 부분 복구와 치유가 가능하다. 또한 방독면을 비롯한 적절한 방호 장비를 갖추거나 독가스와 세균이 침투하지 않는 지역으로 대피하면 그 피해도 크게 줄일 수 있다. 그러나 핵무기는 다르다. 핵무기가 일단 터지면 아무리 보호 장비를 갖춰도 소용이 없다. 히로시마와 나가사키에서 확인할 수 있듯이 핵폭발 범위 내에 있는 거의 모든 생명체와 건축물들이 잿더미로 변하고, 오랜 기간 인간이 살 수 없는 땅이 되고 말기 때문이다. 또한 핵전쟁은 교전 당사국뿐만 아니라 주변국, 아니 지구 전체를 파멸로 몰고 갈 수 있다. 공상과학영화에서 간혹 등장하는 '핵 겨울'은 결코 영화 속의 얘기만은 아니다. 1980년대 과학자들은 미소간에 전면적인 핵전쟁이 발발하면, 지구 평균기온을 10~20C 떨어뜨려 더 이상 인간이 살 수 없는 땅이 되고 말 것이라는 연구 결과를 내놓았다. 수천개가 사용되는 대규모 핵전쟁이 아니라 수십기의 핵무기가 사용되는 소규모 전쟁만으로도 오존층의 40~70%가 파괴되고, 핵 먼지가 태양열을 흡수해 세계 연평균 기온이 1.25C 정도 떨어진다는 연구결과도 있다. 핵무기를 일컬어 현존 세대는 물론이고 미래 세대의 생존까지 위협하는 '인류 절멸의 무기'라고 부르는 까닭이 바로 여기에 있는 것이다.

그럼에도 불구하고 적지 않은 나라들은 핵무기를 보유했고, 보유하려고 했으며, 보유하려고 한다. 그 이유는 무엇일까? 우선 국가안보를 유지하고 강화하는 데 도움이 된다는 생각 때문이다. 역사상 핵보유국이 핵공격을 받은 사례가 없다는 것에서 알 수 있듯이, 핵무기의 보유는 가장 확실한 안보전략이라는 인식은 뿌리 깊다. 특히 적대관계에 있는 국가의 핵보유는 자국의 핵개발에 가장 큰 근거가 되어왔다. 미국의 핵개발과 사용이 소련으로 이어졌고, 소련의 핵개발이 영국과 프랑스의 핵무기 보유 추진의 자극제가 되었다. 또한 미국의 핵위협과 소련과의 분쟁을 겪은 중국도 곧 이어 '핵클럽'에 가입했고, 중국이 핵실험에 성공하자 인도가 핵개발에 박차를 가했으며 인도가 핵개발에 성공하자 파키스탄이 그 뒤를 따랐다. 이슬람권의 섬처럼 존재하는 이스라엘 역시 핵보유를 가장 확실한 안보 수단이라고 믿어왔다. 오늘날에도 이와 흡사한 상황이 발생하고 있는데, 부시 행정부에 의해 "악의 축"으로 규정되었던 북한과 이란이 대표적이다.

물론 핵무기 보유 동기가 안보상의 이유에서만 나오는 것은 아니다.

여러 나라들의 지도자들은 핵무기 보유나 최소한 핵 에너지 기술의 확보를 자국 내 민족주의에 호소하고 국제사회에서 지위를 확보하는 유력한 수단이라고 생각한다. 핵무기를 가지면 다른 나라들이 함부로 하지 못하고 이는 내부적으로 민족주의를 동원하는 데 효과적인 기재로 활용될 수 있기 때문이다. 북한의 선군정치 및 강성대국론도 여기에 해당된다고 할 수 있다. 또한 핵개발은 외교적 카드로 이용되기도 하는데, 북한이 핵포기의 조건으로 북미관계 정상화와 평화체제 구축 등 자신들의 핵심적인 요구사항을 내걸고 있는 것을 통해 이러한 성격을 이해할 수 있다. 그 의도와 관계없이 박정희 정권의 핵개발에 대해 미국이 강력히 제동을 걸면서도 주한미군 철수 계획을 철회하는 등 한국에 대한 안보공약을 재확인해준 것 역시 핵개발 카드의 외교적 효과라고 할 수 있다.

핵무기 보유 동기와 목적이 어떠하든, 핵 야망은 보유 자체로 끝나지 않는다. 일단 핵무기를 손에 넣게 되면, 그 다음에는 양을 늘리고 파괴력과 신속한 사용 능력을 강화하려고 하며, 미사일, 잠수함, 폭격기 등 다양한 핵무기 운반체를 가지려고 한다. 냉전시대에 미국과 소련의 핵군비경쟁은 이러한 속성을 잘 보여준다. 또한 핵보유 문턱에서 서성거리고 있는 북한을 제외하곤, 5대 핵보유국은 물론이고 이스라엘, 인도, 파키스탄 역시 몇 개가 아니라 수백개 이상의 핵무기를 갖고 있고, 미사일 등 다양한 운반수단의 개발에 몰두하고 있다.

그런데 이러한 핵전력 증강과 핵군비경쟁은 인간의 탐욕에서만 비롯되는 것은 아니다. 핵무기를 개발하려고 하거나 갖게 되는 순간 나타나는 '안보딜레마'라는 인간의 탐욕을 넘어선 구조적 문제가 작동하기 때문이다. 일단 어떤 나라가 핵무기를 갖게 되면, 그 나라와 적대관계에 있거나 그 나라의 핵보유에 두려움을 느낀 나라는 없으면 가지려 하고, 있으면 더 가지려고 한다. 또한 상대방의 핵무기를 최우선적인 공격 대상으로 삼게 된다. 이러한 반작용은 상대방을 또 자극하게 된다. 선제공격으로부터 살아남을 수 있는 충분한 분량의 핵무기를 가지려 하게 되고, 선제공격이든 보복이든 신속하게 대응할 수 있도록 미사일 등 운반수단의 양과 질도 늘리게 된다. 이러한 작용과 반작용이 바로 '2차 공격 능력' 확보 경쟁이자, 전형적인 '안보딜레마'이다. 자신의 안보를 증강시키기 위해 개발한 핵무기가 상대방을 자극해 반작용을 야기함으로써 오히려 자신의 안보를 위태롭게 만들 수 있다는 것이다.

핵무기는 또한 실제 개발 여부나 그 성공 이전에 전쟁과 갈등의 가장 큰 원인이 되기도 한다. 한국전쟁 이후 한반도가 직면했던 최악의 전쟁 위기는 1993~4년과 2003~4년에 있었다. 이 시기는 북한의 핵개발을 둘러싸고 북한과 미국이 정면으로 충돌했던 시점이다. 1981년 이스라엘은 이라크의 오시락 원전을 폭격해 중동을 일촉즉발의 위기로 몰아넣은 바 있는데, 그 공격의 명분은 이라크의 핵무기 개발 저지였다. 이스라엘은 2007년 9월 초에도 시리아의 '핵 의심' 시설을 폭격했는데, 명분은 오시락 원전 폭격과 같았다. 이외에도 1950년대 후반 소련의 대륙간탄도미사일ICBM 개발을 저지하기 위한 선제공격론이 미국 내에서 제기된

바 있고, 중국-인도, 인도-파키스탄 사이에서도 비슷한 일들이 발생했다. 이는 오늘날까지 지속되고 있는데, 이란 핵개발 문제를 둘러싼 미국과 이스라엘의 선제공격론이 대표적이다. 또한 북핵 문제가 해결되지 않으면, 한반도 전쟁 위기는 언제든 재발할 수 있다. 이처럼 핵무기는 개발 시도 자체만으로도 전쟁과 갈등을 야기한다.

이뿐만이 아니다. 2003년 미국의 이라크 침공 사례에서 알 수 있듯이, 핵문제는 개발 의혹이 아무리 불확실하더라도 그 의혹만으로도 침공의 명분으로 작용하기도 한다. 당시 국제사회에서는 이라크의 후세인 정권이 10년 가까이 유엔 사찰 하에 있었기 때문에, 핵무기를 개발할 능력이 없었다고 보고 있었음에도 불구하고, 미국은 관련 정보를 왜곡 · 과장하면서까지 침공을 강행했다. 당시 부시 행정부는 "후세인이 핵무기를 갖는다면"이라는 화법을 즐겨 사용했는데, 이는 후세인이라는 '광폭한 독재자'와 핵무기라는 '대단히 위험한 무기'를 조합해 사람들의 공포 심리를 자극함으로써 침공의 명분을 쌓고자 하는 의도에서 나온 것이다. 어쨌든, 이라크를 점령한 미국은 핵개발 증거를 샅샅이 뒤졌지만, 핵무기를 비롯한 대량살상무기WMD 개발 증거를 찾지 못했다. 애초부터 이라크의 WMD는 이라크가 아니라 부시 행정부의 마음속에 있었기 때문이다.

5개의 본문과 2개의 부록으로 구성된 이 책은 가급적 일반인들도 쉽게 읽을 수 있도록 평이하게 서술되어 있다. 1부에서는 '당신이 트루먼이라면'이라는 질문으로 시작된다. 1945년 8월, 트루먼의 핵무기 사용이 2차 대전 종전을 위한 불가피한 선택이었는지,

아니면 다른 '숨은 의도'가 있었는지를 살펴보았다. 또한 공교롭게도 미친 짓MAD이라는 약어로 표현되는 상호확증파괴Mutual Assured Destruction 논리가 등장하게 된 배경을 미국과 소련의 핵군비경쟁을 중심으로 다뤘다. 아울러 핵군비통제 협상에 일부 성과가 있었음에도 불구하고, '죽음을 향한 여정'은 계속되고 있다는 문제점을 지적했다.

2부는 핵무기에 대한 과학적 이해를 돕고자 작성되었다. 최고의 핵전문가인 강정민 박사가 집필한 이 부분은 핵문제 전반을 이해하는 데 크게 도움이 될 것이다. 핵무기의 기본 개념과 원리에서부터 그 종류와 파괴력에 이르기까지 핵무기를 과학적으로 이해하는 데 필요한 기본 지식을 제공하고 있다. 특히 한국의 핵무장 능력에 대한 평가는 '무궁화 꽃이 피었습니다'로 상징되는 '픽션'에서 벗어나야 할 과학적 근거를 제시하고 있다. 내용이 다소 어렵더라도, 일독, 아니 여러 차례 읽어볼 것을 권고한다. "아는 만큼 보인다"는 말을 실감하게 될 것이다.

3부에서는 '핵무기를 어떻게 볼 것인가'라는 질문에 대한 다양한 논의와 더불어 핵확산금지조약NPT 및 비핵지대를 중심으로 '핵무기 없는 세상'을 만들고자 하는 인류사회의 노력을 소개했다. 이를 통해 핵무기가 '필요악'인지, 아니면 '절대악'인지를 생각해볼 수 있게 될 것이다. 4부에서는 미국에 초점을 맞췄다. 여러 핵보유국 가운데 미국을 '특별대우'한 까닭은 명확하다. '팍스 아메리카나'라는 표현이 등장했을 정도로 미국이 국제사회에서 차지하는 위상은 압도적이다. 이는 인류사회의 '핵의 미래'가 미국의 핵정책의 향방에 상당 부분 좌우될 수밖에 없다는 것을 의미한다. 그러나 안타깝게도 미국, 특히 부시 행정부의 핵정책은 거꾸로 흘러왔다. 이른바 '핵선제공격' 전략과 미사일방어체제MD를 중심으로 이러한 문제점을 짚어보았다.

본문의 마지막 부에서는 한반도를 포함한 동북아의 핵문제를 짚어보고 나름대로 대안도 검토해보았다. '한반도 핵문제'를 공평하게 다루기 위해 북한의 핵문제뿐만 아니라 미국의 대북한 핵위협 문제도 거론했다. 또한 식지 않는 관심사인 일본의 핵무장 가능성을 다각도로 짚어보았고, 미국의 핵우산과 한국의 독자적 핵무장의 타당성과 가능성도 검토해보았다. 이러한 논의를 바탕으로 '동북아 비핵지대 창설' 등 핵무기주의nuclearism의 대안을 시론적 차원에서 제시했다.

부록은 두 가지로 구성했다. 하나는 핵무기 관련 일지이다. 본문을 읽기 전에 한번 훑어본다면, 책 내용이 좀 더 쉽게 들어올 것이다. 또한 추가적인 정보를 원하는 독자를 위해 핵무기와 관련된 주요 웹사이트도 소개했다.

한국 사회는 우리가 지금까지 겪어온 핵무기의 위협에 비해 이 문제에 무관심하거나 핵무기주의에 사로잡혀 있었다. 1945년 8월 히로시마와 나가사키에 떨어진 두 발의 핵폭탄으로 사망한 20여만명 가운데에는 강제징용된 조선인 수만명도 포함되어 있었다. 한국 전쟁 때에는 핵전쟁 일보 직전까지 갔었고, 이후에도 미국은 북한의 재래식 공격에도 핵무기로 보복한다는 전략을 채택해 1천개 정도의 핵무기를 남한에 배치했었다. 또한 1989년 북한의 핵개발 포착으로 시작된 한반도 핵위기는 20년이 지난 오늘날까지도 현재진행형이다. 그럼에도 불구하고 한국의 핵무장을 지지하는 여론은 과반수를 넘나들고 있다. 비록 소수이지만 북한의 핵무장을 지지하는 사람들도 있다. 교육 현장에서 반핵 교육이 전무하고 일반인이 접할 수 있는 교양서적 한권 제대로 없는 현실과 결코 무관하지 않을 것이다.

이러한 현실에 대해 아쉬움과 의무감을 느끼고 있을 때, 대구대 언론출판문화원에서 출판 기회를 제공해주었다. 이 자리를 빌려 출판 지원과 함께 교정에 힘써주신 문화원 관계자 분들에게 감사의 말씀드린다. 부족하나마 이 책이 핵무기에 대한 올바른 이해를 돕고 반핵문화를 형성하는 데 작은 기여를 할 수 있기를 바란다.

2008년 8월 종로구 필운동 사무실에서 정욱식

•차　례

핵무기 없는 세상을 향하여

죽음을 향한 여정

당신이 만일 트루먼이었다면

1945년 7월 16일 새벽, 뉴멕시코의 미군 폭격장에서는 인류 최초의 핵무기 실험이 단행되었다. 3만 피트(약 9km)까지 치솟은 버섯구름은 수백 km 떨어진 곳에서도 볼 수 있었다고 한다. 핵실험을 목도한 사람들은 어둠을 밝히는 섬광과 천둥과도 같은 폭발음에 압도되었고, 인류 역사에 새로운 장이 열렸다며 환호성을 질렀다. 역설적이게도 이 실험이 실시된 사막의 이름은 '죽음의 여정Journey of Death'이었다.

최초의 핵실험이 실시된 지 3주 후인 1945년 8월 6일과 9일, 인류사회는 이전과는 전혀 새로운 무기를 목도하게 되었다. 미국의 트루먼 행정부가 일본의 히로시마와 나가사키에 각각 꼬마Little boy-우라늄 핵폭탄와 뚱보Fat man-플루토늄 핵폭탄를 떨어뜨린 것이다. 이 원폭 투하로 히로시마에서

약 12만명, 나가사키에서 약 8만명이 즉사했고, 수십만명이 원폭 후유증에 시달려왔다. 이 가운데에는 강제징용된 조선인 4만명의 사망자와 3만명의 부상자도 포함되어 있다. 그리고 일본은 8월 10일 항복 의사를 표명했다.

그렇다면 당시 미국의 핵무기 사용을 어떻게 봐야할까? 원폭 투하 때문에 일본은 항복했고, 미국은 2차대전을 승리로 이끌었는가? 또한 한반도의 해방은 이러한 핵무기 투하의 산물인가? 이러한 질문은 단순히 과거사에 대한 궁금증에 머무는 것이 아니라 현재와 미래에도 중대한 함의를 갖는다. 1945년에는 미국이 유일한 핵보유국이었고 핵무기 숫자도 많지 않았지만, 오늘날에는 북한을 포함할 경우 9개 나라가 핵무기를 갖고 있고, 핵무기 숫자도 3만개에 육박한다. 이러한 맥락에서 볼 때, 1945년 8월에 대한 기억은 핵무기에 대한 관점과 철학을 구성하는 데 역사적인 뿌리가 된다. 히로시마와 나가사키의 경험은 단순한 과거의 사실을 넘어서, 앞으로 그 어떤 공간에서도 일어날 수 있는 미래에 대한 암시를 주고 있기 때문이다.

세 전문가의 견해[1]

파키스탄의 페르베즈 후드브호이Pervez Hoodbhoy 교수: 내가 1945년 당시의 미 대통령이었다면, 우선 일본에게 파멸적인 무기 사용 가능성을 경고했을 것이며, 그러한 핵무기 능력을 증명했을 것이다. 이러한 방법이 일본의

---

1 http://www.thebulletin.org/web_only_content/sixty_years_later

항복을 이끌어 내는 데 실패했을 경우 원폭은 시민들이 아닌 진정한 군사 목표물을 대상으로 사용했을 것이다. 원폭에 뒤이은 일본의 항복은 인류사회에 핵무기에 대한 공포와 동시에 이를 소유하고자 하는 강박관념을 낳았다. 일례로 1998년 5월의 파키스탄 핵실험 직후 파키스탄 외무장관은 히로시마의 평화 박물관을 방문한 뒤 "우리는 이러한 일이 파키스탄에 절대 일어나지 않게 하기 위하여 핵을 개발하였다"고 말했다. 오늘날 미국은 자신들이 내렸던 결정의 결과로 인하여 야기된 공포, 즉 핵공격의 두려움에 떨고 있다. '핵공격 9.11' 같은 재앙이 바로 그것이다. 이러한 시나리오는 1945년 당시의 결정이 다른 쪽으로 내려졌다면 충분히 바뀌었을 것이다. 히로시마는 단지 미국의 실패가 아니라 인류의 실패로 기록됐다. 핵 기술의 발전은 이를 현명하게 사용할 수 있는 인간의 능력을 넘어섰다. 바닥이 새는 배 위에서 다이너마이트를 장착하고 싸우는 원숭이들처럼, 우리는 불확실한 여행의 길에 들어선 것이다.

미국 기업연구소American Enterprise Institute의 토마스 도넬리Thomas Donnelly 연구원: 내가 1945년 당시 트루먼의 위치에 있었다면 그와 동일한 결정을 내렸을 것이다. 원폭의 투하는 인간을 야만적이고 체계적으로 착취하였던 두개의 파시스트 정권이 일으킨 인류 역사상 가장 잔인했던 전쟁을 종결시켰기 때문이다. 이에 따라 나는 원폭 투하에 대하여, 또한 이에 대한 부담을 기꺼이 짊어진 트루먼에 대하여 신에게 감사한다. 당시 일본은 결사항전을 부르짖고 있었으며, 일본 본토에 대한 침공이 매우 잔혹한 유혈사태를 낳았을 것이라는 점은 논란의 여지가 없다. 트루먼은 "젊은 미국인들의 고통을 줄이기 위해 원폭을 사용할 수밖에 없었다"라고 고백했고, 당시 그 어떤 사령관도 다르게 행동할 수 없었을 것이다.

미국 조지타운대 로버트 갈루치Robert I. Galluci 교수: 내가 당시의 대통령이었다면, 일본의 도시들을 파괴하는 핵무기를 사용하지 않았을 것이며, 역사는 되돌릴 수 없지만 현재의 전략적 목표는 이를 따라야한다. 트루먼은 기본적으로 군사적이고 전쟁산업에 관련된 목표물을 찾았어야 했는데, 히로시마와 나가사키는 절대로 이에 해당하는 도시가 아니었다. 설령 원폭이 전쟁에 대한 적의 의지를 꺾는 데 영향을 미쳤다고 하더라도 전쟁수행과 직접적으로 관련이 없는 일을 하는 무고한 민간인들을 의도적으로 살해하는 행위는 정당화될 수 없다. 핵무기는 국가의 전체 인구를 파멸시킬 수 있는 잠재력을 갖고 있다는 점에서, 단 몇 개의 무기가 세계 역사의 흐름과 힘의 배분을 변화시킬 수 있다는 점에서, 다른 무기들과 차이점을 가지고 있다. 우리는 현재 억제력, 즉 '보복의 약속'을 통해 국가안보를 의존하고 있다. 그러나 이러한 현실이 민간인들에 대한 책임을 경감시키지는 않는다. 공격은 민간인 희생을 최소한으로 줄이면서 적의 군사력과 지도부를 목표로 삼아야 하며, 궁극적으로 적의 전쟁 수행과 직접적으로 관련된 산업이 목표가 되어야 한다.

그렇다면, 트루먼의 원폭 투하는 불가피한 것이고, 또 정당한 것이었을까? 이에 대한 상식적인 견해는 원폭 투하가 일본의 항복을 이끌어냈고, 이에 따라 미국은 일본 본토 점령 전쟁을 치르지 않게 되어 미일 양측의 수많은 희생을 막을 수 있었다는 것이다. 일본 침공시 양측의 희생자 수는 수백만에 달할 수 있었기 때문에, 결국 핵무기라는 대량살상무기가 더 많은 대량살상을 막을 수 있었다는 것이다.

그러나 이에 대한 반론도 만만치 않다. 베른스타인Barton Bernstein

스탠퍼드대 교수는 "모든 사정들을 고려해봤을 때 일본이 미국의 일본 본토 상륙작전이 예정되어 있었던 11월 이전에 항복할 가능성이 대단히 높았다"고 말한다. 하버드대의 역사학 교수인 메이Ernest R May는 "일본의 항복 결정은 아마도 소련의 공격으로부터 야기되었을 것"이라고 주장했고, 일본의 하세가와 교수는 "원폭 투하이외의 다른 대안들이 있었고 트루먼 행정부는 그들 자신들의 논리로 이를 거부하였다"고 지적한다.[2] 이들을 비롯해 많은 전문가들이 주목하는 일본 항복의 결정적 요인은 바로 '소련'이다.

이와 관련해 미국의 핵전문가인 워드 윌슨의 최근 연구성과가 주목된다. 그는 2007년 미국의 국제정치전문 학술지를 통해 발표한 논문을 통해 일본의 항복은 '원폭'보다 '소련' 요인이 더 컸다는 것을 광범위한 자료 발굴을 통해 실증적으로 입증했기 때문이다.[3] 1945년 여름에 일본은 두 가지 전략적 선택에 직면해 있었다. 하나는 1941년 일본과 불가침 조약을 맺었던 소련에게 종전終戰 중재를 설득하는 것이고(협상파), 다른 하나는 유리한 종전 조건을 얻어낼 때까지 미국에 맞서 결사항전하는 것이었다(주전파). 이 두 가지는 8월 6일 히로시마 피폭 이후에도 고려되었다. 그러나 8월 9일 소련의 태평양전쟁 참전과 동시에 물거품이 되었고, 일본은 무조건적인 항복 이외의 선택이 없게 되었다. 당시 소련의 막강한 군사력을 고려할 때, 일본이 소련과 미국을 상대로 일본 땅에서 동시

2 http://www.commondreams.org/views05/0803-26.htm

3 Ward Wilson, "The Winning Weapon?: Rethinking Nuclear Weapons in Light of Hiroshima," *International Security*, (Spring, 2007).

전쟁을 치를 능력은 없었기 때문이다.

미국의 원폭 투하와 일본의 항복 사이의 상관관계에서 중요한 또 한 가지 대목은 '원폭 투하가 다른 재래식 무기에 의한 공격보다 더 심각한 결과를 초래했고, 일본 지도부도 그렇게 인식했느냐'이다. 미국은 1945년 봄과 여름에 걸쳐 66개의 일본 도시에 엄청난 양의 재래식 폭탄을 투하했고, 이 가운데 25개 도시는 8월 첫째주에 집중되었다. 그런데 25개 도시 가운데 8개 도시의 파괴 정도는 히로시마와 비슷하거나 더 컸다. 히로시마 원폭 투하가 다른 재래식 무기에 의한 공격과 비교할 때, 일본 지도부에게 결정적인 파괴력을 보여주지 못한 것이다.

더욱 중요하게는 일본 지도부가 원폭 투하를 항복을 선택할 만큼 결정적인 문제로 인식하지 않았다는 점이다. 일례로 미국이 원폭을 투하하고 이를 공식 확인한지 이틀이 지나도록 일본 정부는 최고의사결정기구인 최고위원회를 소집하지 않았다. 두 번째 핵폭탄이 투하된 직후인 8월 9~10일 열린 최고위원회 회의에서도 원폭 문제는 심각하게 다뤄지지 않았다. 육군 참모총장인 우메즈는 "육군은 적절한 조치를 취하고 있고, 이에 항복하는 일은 없을 것"이라고 말했다. 또한 이 회의에서 일본 지도부는 미국의 공습보다는 소련의 개입 및 일본 내부의 동요를 더 우려했다. 당시 일본에서는 전쟁이 계속될 경우 민중 봉기가 일어날 것이라는 우려가 팽배했었다.

이에 반해 일본 지도부는 소련의 참전은 심각하게 인식하고 있었다. 8월 9일 새벽 소련의 개입 소식이 전해지자, 일본 정부는 그 날 아침 즉각 최고위원회를 소집했다. 이 회의에서는 소련의 참전은 "일본 제국의 운명을 결정하게 된다"라는 점에 의견을 모았다. 히로히토 천황 역시 원폭 투하 소식에 대해서는 계속해서 보고하라는 지시 이외의 특별한 조치를 취하지 않은 반면에, 소련의 개입 소식에 대해서는 전쟁을 끝낼 방법을 찾아보라고 지시했다.

이처럼 미국의 원폭 투하가 일본의 항복을 가져온 직접적 요인이라고 보기는 어렵다. 오히려 일본군이 패배의 명분을 찾는데 '사후' 정당화 역할을 하게 된다. 일본의 패배는 일본군의 능력이나 정신력의 부족이 아니라 적군이 예상치 못한 무기, 즉 핵무기를 보유한 데에서 온 것이라는 '변명'이 가능해지기 때문이다. 실제로 종전 직후 일본의 한 고위관리는 "만약 군부가 그들의 패배가 정신력 부족이나 전략적 실책에 의한 것이 아니라 과학 때문이라고 생각한다면, 약간은 체면을 살릴 수 있게 될 것이다"라고 말했고, 히사쓰네 관방장관은 "패배의 책임을 군부가 아니라 핵무기로 돌린다면, 이는 현명한 변명이 될 것"이라고 노골적으로 말하기도 했다.

기실 일본의 항복 조건으로 미국이 천황제 유지를 '조기'에 받아들였다면, 일본 역시 조기에 항복했을 것이라는 가정이 설득력을 지닌다. 미영연합군 수뇌부들은 천황제 유지를 보장하면 일본이 항복할 것이라고 판단해 트루먼에게 이를 권고했다. 그러나 트루먼과 그의 핵심참모인 번즈James Bymes 국무장관은 일본에게 항복하라고 경고하면서 1945년 7월 포츠담 선언에서 일본 천황제 유지에 대한 보장을 삭제하고 말았다.

당시 트루먼 행정부가 왜 이러한 조치를 취했는지는 여전히 수수께끼이지만, 미국은 결국 천황제 유지를 조건으로 일본의 항복을 받아냈다. 원폭 투하를 한 다음에 말이다.

이와 관련해 하세가와는 포츠담 선언에서 천황제 유지에 대한 보장이 제외된 근본적인 이유를 다음과 같다고 설명한다. 일본이 항복 요구를 거부하도록 유도함으로써 미국의 지도자들은 원폭투하를 정당화하고자 하였고, 더 나아가 원폭을 러시아 참전 이전에 전쟁을 종결시킬 수 있는 수단으로 여겼다는 것이다. 당시의 정책 결정자들, 특히 당시 국무장관이었던 번즈는 한 과학자에게 "러시아를 유럽에서 더욱 잘 다룰 수 있게 하기 위하여manageable" 원폭투하를 원한다고 언급했다고 한다.

그렇다면 미국의 원폭 투하보다도 소련의 개입이 일본의 항복에 결정적인 영향을 미쳤다는 주장이 보다 설득력이 있고 그 근거도 뒷받침되고 있음에도 불구하고, 미국 주류는 왜 원폭 투하 결정론에 집착하는 것일까? 앞서 소개한 윌슨은 이것이 국가의 위신과 국제적 영향력에 대한 고려와 관련이 있다고 말한다. 즉, 원폭 투하가 일본 패전의 결정적 요인이라면 미국은 사악한 전쟁을 끝낸 구원자이자 유일한 핵보유국으로서의 국제적 영향력을 제고할 수 있게 된다. 반면 소련의 개입이 결정적이었다는 것을 인정하게 되면, 미국이 4년동안 끝내지 못한 태평양 전쟁을 소련은 며칠 사이에 끝냈고, 이에 따라 전후 소련의 위신과 영향력을 키워줄 수 있게 된다.

또 한가지 중요한 점은 왜 군사시설이 아니라 민간인이 대거 거주하는 도시를 공격 대상으로 삼았느냐는 점이다. 2차대전의 영웅으로 미국에서 칭송받아온 마샬George C. Marshall은 원폭 투하 몇 달 전에 다음과 같이 제안했다. "이 무기들은 대형 해군 군사시설과 같이 직접적인 군사 목표물에 대하여 우선적으로 사용될 수 있을 것이다. 이를 통해 어떤 실제적인 성과가 나타나지 않을 때, 우리는 여러 개의 대규모 공업지역을 목표로 삼을 수 있다. 이에 우리는 일본인들에게 그 중심을 파괴할 것이라고 알림으로써 사람들이 그곳을 떠나도록 경고할 것이다." 그러나 트루먼은 대규모 군사시설이 부재했던 히로시마와 나가사키를 공격 대상으로 삼았다.

윤리적이고 도덕적인 문제를 차치할 때, 핵무기 유용성에 대한 인식의 뿌리는 히로시마와 나사사키 원폭 투하에 있다. 핵무기가 일본 제국주의의 파멸을 가져왔다는 인식이 바로 그것이다. 더구나 일제 패망은 한반도의 해방으로 이어졌다. 이는 우리 사회의 핵무기에 대한 불감증의 한 원인이다. 그러나 위에서 설명한 것처럼, 원폭 투하가 일본 패망과 거의 관계가 없다면, 우리의 인식은 어떻게 달라질 수 있을까?

미소간의 핵군비경쟁: 미친 짓(MAD)

미국 핵독점 시대의 종말

원폭 투하가 일본 항복의 결정적인 요인이 아니었다고 해서, 당시 미국 정부가 원폭을 투하했던 '동기'까지 사라지는 것은 아니다. 1943년 들어 미영 연합군은 소련의 개입이 태평양전쟁 승리의 결정적인 기여를 할 것으로 보고, 소련에게 참전 조건을 제시했었다. 주요 골자는 쿠릴 섬 및 사할린 섬 남단 소련 이양, 만주에 해군기지 사용 허용 등으로 일본이 러일전쟁으로 획득한 것을 소련에게 돌려주는 것이 골자였다. 그러자 스탈린은 독일 패망 3개월 후인 1943년 4월에 대일전 참전을 약속했다.

그러나 미국이 45년 7월 핵무기 개발에 성공하자 미국의 계산은 달라졌다. 소련의 개입에 의한 일본의 항복은 동북아에서 소련의 영향력을 키워줄 수 있는데, 핵무기로 소련의 개입을 대신할 수 있다는 생각을 갖게 된 것이다. 미국이 핵무기를 사용하지 않더라도 소련이 개입하면 일본의 항복을 받아낼 수 있다는 생각을 충분히 할 수 있었음에도 불구하고, 서둘러 두 차례의 원폭을 강행한 것도 이러한 동기에서 나왔을 가능성이 높다는 것이 미국의 저명한 역사학자 존 루이스 가디스의 해석이다. 실제로 미국은 핵무기의 위력을 스탈린에게 인식시키기 위해 원폭을 당한 히로시마에 소련 관료를 초청하기도 했고, 1946년 태평양에서 실시된 핵실험에 소련 관료를 참관시켰다.[4]

그렇다면 스탈린은 미국의 핵무기 및 원폭 투하를 어떻게 인식했을까? 스탈린은 미국과 영국이 비밀리에 핵무기를 개발하고 있었다는 것을 정탐 활동을 통해 이미 알고 있었다. 스탈린이 1945년 7월 17일부터 열린 포츠담 회담에서 미국이 핵무기 개발에 성공했다는 트루먼의 통보를 듣고 그리 놀라지 않은 까닭도 바로 여기에 있다. 그러나 미국이 실제로 핵무기를 사용한 것에는 상당히 놀랐던 것으로 보인다. 히로시마 피폭 직후 스탈린은 "히로시마가 세계를 뒤흔들었다"며, 소련 과학자들에게 핵무기 개발에 박차를 가할 것을 지시했다. 또한 미국의 핵사용을 소련의 양보를 강제하기 위한 협박 외교로 규정하고, "우리가 협박에 굴복하기 시작하면 아무것도 이룰 수 없다"고 말했다. 일례로 스탈린은

4 John Lewis Gaddis, The Cold War: A New History, (New York: The Penguin Press, 2005).

미국의 핵무기를 유엔의 통제 하에 두고 소련의 핵개발 여부를 사찰·검증하자는 것을 골자로 한 트루먼의 바루크 계획Baruch Plan을 거부했다. 이미 이념적으로 냉전의 그늘이 세계에 드리워지고 있던 시점에 등장한 핵무기가 미소간의 불신과 군비경쟁에 불을 당기고 만 것이다. 미국의 무력 시위는 노련한 독재자 스탈린을 위축시키기보다 미국과 맞장 떠야겠다는 생각을 더욱 강하게 만든 것이다.

상당 기간 핵독점을 자신했던 미국은 유럽에서 소련의 재래식 군사력 우위를 핵무기로 만회할 수 있다는 판단을 바탕으로, 마샬 플랜을 단행했다. 핵독점과 이른바 유럽경제부흥계획을 통해 유럽에서의 소련의 영향력 확대를 막아보겠다는 것이었다. 그러나 미국의 핵독점은 그리 오래 가지 않았다. 1949년 8월 29일 소련이 카자흐스탄 사막에서 핵실험에 성공한 것이다. 이는 미국이 나가사키에 투하한 플루토늄 핵폭탄 '뚱보 Fat man'와 흡사한 것으로써, 소련이 50년대 중반에 가서야 핵개발에 성공할 것이라는 미국의 판단보다 훨씬 앞선 것이다. 당황한 트루먼 행정부는 세 가지 조치를 단행했다. 첫째는 유럽에서 소련의 재래식 군사력에 대한 열세를 만회하기 위한 영구적인 미군 주둔 및 재래식 군비증강이다. 둘째는 소련에 대한 핵 우위를 유지하기 위해 핵무기의 양과 질을 늘리는 것이다. 그리고 셋째는 당시 '슈퍼 폭탄'으로 불렸던 수소폭탄 개발 승인이다.

수소폭탄은 히로시마와 나가사키에 투하된 원자탄보다 수백배의 파괴력을 갖고 있는 무기이다. 수소폭탄의 가공할 파괴력은 소련 봉쇄정책의 설계자 조지 캐넌과 맨하튼 프로젝트 책임자였던 로버트 오펜하이머가 이 무기의 개발에 반대하게 만들기도 했다. 그러나 소련의 핵실험 성공에 충격을 받은 트루먼 행정부는 '절대무기' 개발에 박차를 가하게 되었다. 소련보다 핵전력이 앞서야 한다는 것과 미국이 주저하는 사이에 소련이 먼저 수소폭탄을 개발할 수 있다는 두려움이 팽배했던 것이다. 실제로 소련 역시 1946년부터 수소폭탄 개발에 관심을 갖기 시작했다. 결국 미국은 1952년 11월 1일 태평양에서 수소폭탄 실험을 강행했다. 소련 역시 그 이듬해인 53년 8월 12일 중앙아시아 사막에서 수소폭탄 실험에 성공했다. 미소간의 군비경쟁이 새로운 국면에 접어들게 된 것이다.

그러나 과유불급이라고 했던가? 1954년 3월 1일 태평양에서 실시된 미국의 수소폭탄 실험은 상상을 초월하는 결과를 낳았다. 폭발 규모가 무려 15메가톤에 달해, 히로시마에 투하된 원자탄의 750배, 미국 정부가 예상했던 것보다 3배나 강력한 폭발력을 보인 것이다. 이 정도의 파괴력이면, 단 하나의 수소폭탄으로도 한반도 전체를 잿더미로 만들 수 있는 규모이다. 더구나 방사능 낙진이 87마일까지 날아가 조업 중이던 일본인 어부들을 죽음으로 몰아넣었고, 세계 곳곳에서 방사능 물질이 검출되기도 했다. 가공한 폭발력 앞에 인류사회는 전율했다. 이들 가운데에는 "핵무기를 다른 무기와 특별히 다르게 봐야 할 이유를 모르겠다"고 말했던 아이젠하워 미국 대통령도 포함되어 있었다. 스탈린의 후계자 게오르기 말렌코프는 "핵전쟁은 세계문명의 종말을 의미한다"고 미국에게 핵전쟁의 위험성을 경고하고 나섰다. 이전까지 핵무기 옹호자였던 윈스턴 처칠 영국 총리 역시 이 실험을 목도하고는 핵전쟁이 일어나면 영국은 더 이상 살 수 없는 땅에 될 것이라며 우려를 표명했다. 그런데 역설적으로 이 실험의 명칭은 BRAVO였다.

MAD를 향하여

1950년대 후반 들어 미소간의 군비경쟁은 또 다시 중대한 국면을 맞게 된다. 소련이 1957년 8월 대륙간탄도미사일ICBM 시험 발사에 성공한 데 이어, 그 해 10월에는 인류 최초 인공위성인 스푸트니크 발사에 성공한 것이다. 이는 미국에게 엄청난 충격을 안겨주었다. 핵무기를 탑재한 소련의 대륙간탄도미사일이 미국 본토를 공격할 수 있다는 공포심이 극도에 달한 것이다. 더구나 후루시초프 소련 공산당 서기장은 공공연히 유럽과 미국의 대도시를 핵미사일로 날려버릴 수 있다며 위세를 과시하기도 했다. 동시에 그는 1958년 5월에 대기권에서 핵실험을 하지 않겠다고 일방적으로 선언해, 당시 여러 차례의 핵실험을 계획했던 미국을 곤혹스럽게 만들기도 했다.

소련의 ICBM 발사에 놀란 미국도 대륙간탄도미사일 개발에 박차를 가해, 1959년 10월에 시험발사를 실시했다. 이로써 미국과 소련은 자신의 영토에서도 상대방을 공격할 수 있다는 '자신감'과 수천킬로미터 떨어진 상대방의 영토에서 핵미사일이 자신의 영토로 떨어질 수 있다는 '공포심'을 동시에 갖게 되었다. 미소간의 군비경쟁이 새로운 국면에 접어든 것이다. 양측은 상대방의 선제공격에도 살아남을 수 있는 충분한 양의 핵무기를 확보하는 한편, 미사일, 잠수함, 폭격기 등 다양한 운반수단의 개발·배치를 통해 제2의 공격 능력을 확보하려고 안간힘을 썼다. 그 결과 1960년 미국의 핵무기 수는 2만개를 넘어섰고, 소련도 1천6백개의 핵무기를 보유하게 되었다. 당시 미국이 소련에 비해 압도적으로 많은 핵무기를 보유한 데에는 50년대 중후반 소련이 미국보다 훨씬 많은 폭격기를 보유하고 있을 것이라는 '폭격기 갭'과 50년대 말부터 시작된 '미사일 갭' 논쟁이 한몫 했다. 소련이 미국보다 핵무기 운반체인 폭격기와 미사일을 많이 갖고 있을 것이라고 가정해, 핵무기의 양을 늘려 이에 대응해야 한다는 정서가 팽배했던 것이다.

그러나 사실은 정반대였다. 이미 1960년을 전후해 폭격기와 미사일을 포함한 핵전력에 있어서 미국이 소련을 압도하고 있었기 때문이다. 이에 따라 미국과의 ICBM 경쟁에서 밀린 소련은 이를 만회하기 위해 미국의 턱밑인 쿠바에 중거리 미사일을 배치키로 한다. 소련이 미사일을 배치하기로 한 데에는 다른 이유도 있었다. 당시 소련은 쿠바를 비롯한 중남미에서 사회주의 혁명이 거세게 일어난 데에 고무되고 미국의 카스트로 정권 제거 작전에 자극받아 있었는데, 쿠바를 비롯한 중남미에서의 사회주의 혁명을 보호·확산하기 위해서는 미국을 견제할 필요가 있었던 것이다. 그러나 쿠바에 소련 미사일 배치를 저지하지 않을 경우 미국 안보에 치명타를 입을 것으로 판단한 케네디 행정부는 이에 정면 대응을 선택했다. 이른바 쿠바 미사일 위기의 시작이다.

케네디는 1962년 10월 14일 U-2기가 미국에서 불과 145km 떨어진 쿠바의 산 크리스토발 지역에 소련의 SS-4 중거리 탄도미사일 기지 건설을 포착하자 쿠바를 해상 봉쇄하고 소련측에 철수를 요구했다. 이에 소련은 미국이 쿠바를 침공하지 않는다는 것을 약속한다면 미사일을 철거하겠다는 뜻을 미국에 전달했고, 미국이 이를 받아들였다. 이렇게 해서 소련 흐루시초프가 쿠바 미사일 기지의 철거를 명령하고 쿠바로 향하던 16척의 소련 선단이 방향을 되돌릴 때까지 13일간(10월22일~11월 2일) 전 세계는 핵전쟁 공포에 떨었다. 당시 위기가 수습될 수 있었던 데에는 케네디가 터키에 배치한 미국의 중거리 미사일도 철수하겠다는 비밀 제안도 한몫 했다.

쿠바 미사일 위기를 겪으면서 "제한전"이 "전면전"으로 확대될 위험성을 몸소 체험한 케네디 행정부는 핵전쟁 전략에 수정을 가한다. 제한 핵전쟁 전략으로는 전면적인 핵전쟁을 막을 수 없다는 판단을 바탕으로, 이른바 'MAD' 전략을 채택한 것이다. "상호확증파괴Mutual Assured Destruction"의 약어인 MAD는 핵전쟁에서 누구도 살아남을 수 없다는 현실이 핵전쟁을 억제한다는 가정에 기초한 것이다. 쉽게 말해 '너 죽고 나 죽고 모두가 죽는 전쟁'을 하지는 않을 것이라는 인간 이성의 최저치에 대한 호소인 것이다. 동시에 인류 사회의 종말을 가져올 뻔한 쿠바 미사일 위기를 겪고도 '핵의 부재를 통한 생존'이 아니라 상대방을 죽일 수 있는 능력의 유지·강화를 통한 생존을 선택한 인간 이성의 한계이기도 하다.

쿠바 미사일 위기는 또한 인류사회에 근본적인 질문을 던져 주었다. 이 위기에서 확인된 것처럼, 공멸의 두려움은 상대방에 대한 공격적인 행위를 자제시키는 측면이 있다. 나도 죽을 수 있기 때문이다. 그렇다면 핵무기는 인류 생존을 위한 '필요악'일까? 인류의 생존은 사용되는 순간 인류를 말살할 핵무기에 의존할 수밖에 없는 것일까?

모두가 죽기 전에

어쨌든 쿠바 미사일 위기를 거치면서 미소 양국은 한편으로는 MAD에 의존하고 다른 한편으로는 우발적인 핵전쟁을 막기 위한 여러 가지 군비통제 조치를 취하게 된다. 상대방의 선제 핵공격 가능성을 최소화하기 위해 상대방의 기지에 대한 위성 정찰 활동을 허용하고 미소 정상간에 군사직통전화Hot Line가 설치된 것이 대표적이다. 또한 1963년에는 제한적 핵실험금지조약Limited Test Ban Treaty이 체결돼, 대기권에서의 핵실험을 중단하기로 했고, 1968년에는 핵확산금지조약NPT을 추진키로 해 1970년에 발효시켰다. 이렇듯 미소 양국이 핵군비통제에 나서게 된 배경에는 '공멸'의 두려움도 있었지만, 영국, 프랑스, 중국 등이 잇따라 핵실험을 하면서 자신들의 핵독점이 무너질 것이라는 두려움도 깔려 있었다.

1972년에는 미소간 군축협상의 이정표가 세워지는 데, 잠정협정Interim Agreement과 탄도미사일방어조약ABM Treaty을 두 축으로 하는 1차 전략무기제한협정SALT I 이 바로 그것이다. 잠정협정은 상호간의 전략 핵무기 미사일 수에 제한을 두고 이를 정찰위성을 통해 검증하는 것이 골자이고, ABM 조약은 상대방의 미사일을 요격할 수 있는 능력에 제한을 둠으로써 MAD 전략을 유지하자는 것이다. 한편으로는 더 이상의 핵군비경쟁이 무의미해질 정도로 미소 양측의 핵전력이 강화되어 이에 제한을 둘 필요가 생겼고, 다른 한편으로는 양측 모두 핵공격에 '무방비' 상태로 있는 것이 핵전쟁을 막을 수 있는 최선의 방법이라는 점에 합의한 것이다.

그러나 SALT I 은 많은 한계를 지닌 핵군비통제 조약이었다. 이 조약은 핵무기를 감축하는 것이 아니라 대륙간탄도미사일과 잠수함발사탄도미사일SLBM의 숫자를 '동결'하는 것이었고, 미사일에 장착되는 핵탄두의 숫자도 제한하지 않았으며, 장거리 및 중단거리 폭격기에도 제한을 두지 않았다. 당시 ICBM과 SLBM에서는 소련이 우위에 있었고, 미사일의 정확도 및 장거리 폭격기에선 미국이 우위였는데, SALT I 은 기본적으로 양측의 전략적 균형을 훼손하지 않는 범위 내에서 이뤄진 것이다. 이 합의에 따라 미국은 ICBM 1054기, SLBM 656기 보유가 상한선이었고, 소련은 ICBM 1607기, SLBM 740기가 상한선으로 정해졌다. 그러나 핵탄두 수 및 폭격기에는 제한을 두지 않음으로써 미소 양국은 하나의 미사일에 여러 개의 핵탄두를 달고, 폭격기 수를 늘림으로써 자신들의 핵전력을 강화시켜 나갔다.

SALT I 에 대한 미국 의회의 반응은 냉담했다. ICBM과 SLBM에서 소련의 우위를 인정했기 때문이다. 닉슨 행정부는 미국의 미사일의 정확도가 높고 장거리 폭격기에서도 우위에 있기 때문에 문제될 것이 없다고 설득했으나, 헨리 잭슨 상원의원의 주도하에 "모든 군비통제 조약은 모든 무기 시스템에서 수적인 균형을 맞춰야 한다"는 요지의 결의안이 통과되었다. 이에 따라 SALT의 2차 협상, 즉 SALT II는 시작부터 삐걱거렸다. 질적으로 차이가 있는 상호간의 무기 시스템을 수적으로 균형을 맞추는 것이 쉽지 않은 일이었기 때문이다. 이에 따라 SALT I 이 협상 개시부터 조약 체결까지 2년 반이 걸렸던 반면에, SALT II는 5년이 넘도록 합의를 도출하지 못했다.

교착상태에 빠진 SALT II는 1977년 지미 카터 대통령의 등장과 함께 활력을 찾는 듯 했다. 카터는 대선 유세 때부터 대폭적인 핵무기 감축을 주창했고, 집권 직후 대폭적인 핵무기 감축을 소련에 제안했다. 그러나 카터는 소련의 인권문제도 강하게 제기했는데, 이는 브레즈네프가 카터의 핵군축 제안을 거절하게 되는 중요한 정치적 요인으로 작용했다. 특히 이 시기에 브레즈네프는 과도한 약물 복용으로 건강에 적신호가 켜졌는데, 소련 지도자의 와병은 미소 핵군비통제의 큰 장애물이 되었다. 브레즈네프의 와병과 함께 소련의 강경파들의 입김이 다시 강해지기 시작했기 때문이다.

실제로 1977년 들어 소련은 서유럽을 공격할 수 있는 신형 중거리 핵미사일 SS-20을 배치하기 시작했다. 소련 군부 주도하에 은밀히 추진되어 미국과 나토 국가들은 물론이고 소련 외교관들조차 몰랐을 정도였다. 이는 미국 내 강경파를 자극시켜 SALT II를 더욱 위태롭게 만들었을 뿐만 아니라, 카터 행정부가 서유럽에 신형 핵미사일 Pershing II 배치를 추진하게 되는 요인이 되었다. PershingII는 SS-20보다 정확도가 높을 뿐만 아니라 서유럽에서 모스크바까지의 비행거리가 불과 10분에 불과했다. 그럼에도 불구하고 카터와 브레즈네프는 1979년 6월 비엔나에서 SALTII에 서명했고, 카터는 상원의 비준을 요구했다. 합의의 주요 골자는 미소 양국이 ICBM, SLBM, 전략 폭격기 등 핵무기 운반체의 숫자를 2400개로 제한하는 것이었다. 제한 대상에 전략 폭격기도 포함시킴으로써 SALT I 보다는 진일보한 측면이 있었으나, 보유 상한선이 2400개로 대단히 높고 미사일에 장착되는 핵탄두의 숫자에는 또 다시 제한을 두지 않는 한계를 보이기도 했다.

그러나 SALTII는 발효되지 못했다. 당시 미 의회에서는 소련에 대한 불신 및 카터의 유화책에 대한 불만이 높았다. 더구나 소련이 1962년 쿠바 미사일 위기 이후에도 쿠바에 전투 여단을 계속 주둔시키고 있었던 것이 드러나면서 미국 의회의 반소 감정은 고조되었다. 그리고 나토가 79년 12월 PershingII와 순항 미사일 배치를 승인하고 소련이 12월 말에 아프가니스탄을 침공하면서, SALTII는 미소간의 신냉전에 자리를 내주었고, 미소 양측은 다시 핵군비경쟁에 돌입하게 된다. 소련의 아프가니스탄 침공 직후 카터는 "2차 대전 이후 평화를 위협하는 가장 심각한 문제"라고 비난하면서 SALTII에서의 철수, 1980년 모스크바 올림픽 불참, 소련에 대한 경제제재, 대규모 국방비 증액 등 일련의 강경책을 발표했다. 이로써 10여년간 지속되어온 미소간의 데탕트는 종말을 고하고 말았다.

신냉전의 도래와 냉전의 종식

미소간의 신냉전은 강경성향의 레이건 행정부가 등장하면서 절정에 달하기 시작했다. 그는 국방비를 대폭 증액해 1985년 국방비를 1980년치의 2배로 늘렸고, 소련이 SS-20 미사일을 폐기하지 않았다는 이유로 유럽과 미국의 대규모 반핵시위에도 불구하고 Pershing II 미사일 배치를 강행했다. 레이건의 대소 강경책은 1983년 3월 23일 유명한 '스타워즈 연설'에서 절정에 달했다. 그는 이 연설에서 소련을 "악의 제국evil empire"로 부르면서 "우리가 적의 전략미사일이 미국이나 우리의 동맹국 영토에 떨어지기 전에 요격할 수 있다면 무엇이 문제냐"며 전략방위구상SDI 추진 방침을 천명했다. SDI는 소련의 ICBM을 우주 공간에서 레이저로 요격하는 시스템을 의미하는데, 이 구상이 '스타워즈'라는 별명을 갖게 된 까닭이 바로 여기에 있다.

SDI가 중대한 의미를 갖는 이유는 이 구상이 미소간의 전략적 균형을 유지해온 상호확증파괴MAD의 폐기를 의미한다는 데 있다. MAD는 핵전쟁이 벌어지면 '너 죽고 나 죽고 모두가 죽을 수 있다'는 공포심에 기반을 두고 있다. 그런데 미국이 SDI를 통해 소련의 핵미사일을 요격할 수 있는 능력을 갖게 되면, 미국은 소련의 보복에 대한 두려움을 덜면서 핵공격 능력을 확보할 수 있게 되는 것이다. 이 구상이 나오자 소련 지도부가 미국의 과학기술을 과대평가하면서 SDI를 미국의 핵전쟁 준비 계획과 동일시한 까닭도 여기에 있다.

레이건의 등장과 함께 절정에 달했던 미소간의 신냉전은 고르바초프의 등장으로 인해 극적인 변화를 겪게 된다. 1985년 11월 스위스 제네바에서 열린 레이건과의 첫 정상회담에서 SDI를 둘러싸고 논쟁을 벌였던 고르바초프는 2달 후에 2000년까지 모든 핵무기를 폐기하자고 제안했다. 그의 핵군축에 대한 신념은 1986년 4월 26일 발생한 체르노빌 핵발전소 폭발 사건으로 더욱 강해졌다. 이를 반영하듯 고르바초프는 그 해 12월에 아이슬랜드 레이캬비크에서 열린 레이건과의 정상회담에서 레이건이 안드로코프에게 제안했던 중거리미사일 폐기를 전격 수용했다. 또한 미국이 ABM 조약을 존중하는 조건으로 양국이 전략 핵미사일을 50% 감축하자고 제안했다. 그러자 레이건은 ICBM을 모두 폐기하고 SDI를 공유하자고 제안했다. 레이건은 SDI를 포기할 생각이 없었던 것이다. 이에 따라 1차에 이어 2차 레이건-고르바초프 정상회담은 SDI에 대한 뿌리 깊은 이견을 남겨두고 결렬되고 말았다.

그러나 성과가 없었던 것은 아니다. 미소 정상이 '핵무기 폐기'라는 큰 원칙에는 대체로 공감을 했기 때문이다. 이를 반증하듯 1987년 12월에 워싱턴에서 열린 3번째 정상회담에서 미소 양측은 전술 핵무기에 해당하는 중거리미사일폐기INF 협정에 서명했다. 이 협정은 특정 무기를 모두 폐기하기로 한 미소간의 최초의 합의에 해당하는 것으로써, 사정거리 500~5,500km 사이의 지상 발사 탄도미사일 및 순항 미사일을 모두 폐기키로 했다. 이 협정에 따라 미소 양국은 양측 참관단의 확인 하에 미소 신냉전의 상징인 SS-20와 Pershing II 등 중거리 미사일 폐기에 돌입했고, 1991년 6월 1일에 모두 2,692기의 미사일을 폐기했다.

전술 핵무기 폐기 협상에 탄력이 붙자, 교착 상태에 빠졌던 미소간의 전략무기 통제 협상도 재개되었다.[5] 이번에는 전략무기에 '제한'을 두는 것에 그치지 않고 감축하는 것을 목표로 삼게 되었다. 전략무기감축협정 START 프로세스가 시작된 것이다. 1차 서명은 1991년 7월에 이뤄졌다. 1차 전략무기감축협정START I 은 미소 양측의 핵무기 운반수단을 1600개로, 핵탄두를 6000개로 감축키로 했다. 1600개를 넘어선 운반수단을 폐기하고 핵탄두 숫자에 제한을 두기로 한 것은 SALT보다 진일보한 것이다. 또한 양측의 합의 이행을 검증하기 위해 현장 사찰과 위성 활동도 허용했다. 그러나 이 합의 직후 소련이 붕괴되고 우크라이나, 카자흐스탄, 벨로루시 등 구소련 국가들의 핵무기 폐기를 우선 순위로 다루기로 함으로써, START I 의 이행 완료는 당초보다 늦은 2001년 12월에서야 이뤄졌다.

START I 합의에 성공한 미국과 러시아 양국은 92년 6월에 2차 전략무기감축협정START II 협상에 들어가 93년 1월에 서명하게 된다. 주요 골자는 양측의 전략 핵탄두를 2003년 1월까지 3000~3500개로 감축한다는 것이다. 그러나 러시아의 요청으로 합의 이행 완료 시점이 2007년 12월로 늦춰졌고, 이마저도 공화당이 장악한 미국 의회가 1997년 의정서 protocal 비준을 거부함으로써 START II는 위기에 처하게 되었고, 결국

5 대개 전술 핵무기(tactical nuclear weapon)는 실재 군사 상황에서 사용할 수 있도록 고안된 핵무기를 의미하고, 전략 핵무기strategic nuclear weapon)는 상대방의 핵공격을 억제하기 위해 대도시와 같은 전략 목표물을 겨냥하는 핵무기를 의미한다. 이에 따라 전술 핵무기는 제한 핵전쟁에, 전략 핵무기는 전면적인 핵전쟁에 적용되는 개념이다.

부시 행정브가 2001년 12월 ABM 조약에서 일방적으로 탈퇴함으로써 이 협정은 발효되지 못했다. 이에 따라 97년부터 협상에 들어갔던 START III도 무산되었다. 양측의 전략 핵탄두를 2000~2500개로 줄이고 감축된 핵탄두를 폐기하기로 했으나, STARTIII는 STARTII가 완료된 이후에 서명키로 했기 때문이다.

미소간의 가장 최근의 협정은 모스크바 조약으로도 불리는 전략공격무기감축조약SORT이다. 부시 대통령과 푸틴 대통령이 2002년 5월에 서명한 이 조약은 양측의 전략 핵탄두 수를 1700~2200개로 감축하기로 한 것이 골자이다. 언뜻 보면 START보다 진일보한 것처럼 보이지만, 여기에는 중대한 결함이 있다. SORT는 감축 대상을 "실전 배치된operationally deployed" 운반체에 한정함으로써, 보관되어 있거나 정비·보수 상태에 있는 운반체를 포함시키지 않았고, 또한 감축된 운반체와 핵탄두의 폐기도 명시하지 않았다. 많은 군비통제론자들이 SORT를 '무늬만 핵감축'이라고 비판한 까닭도 바로 여기에 있다.

미소간의 전략 핵무기 통제 협정 비교

	SALT I	SALT II	START I	START II	START III	SORT
핵탄두 제한	미사일 제한, 핵탄두 미포함	미사일과 폭격기 제한, 핵탄두 미포함	6000	3000~3500	2000~2500	1700~2200
운반체 제한	미:1710 ICBM & SLBM; 소: 2347	2250	1600	-	-	-
현 상태	만료	미발효	발효 중	미발효	미합의	발효 중
서명일	1972.5.26	1979.6.18	1991.7.31	1993.1.3	-	2002.5.24
발효일	1972.10.3	-	1994.12.5	-	-	2003.6.1
이행 마감일	-	1981.12.31	2001.12.5	2007.12.31	2007.12.31	2012.12.31
만료일	1977.10.3	1985.12.31	2009.12.5	2009.12.5	-	2012.12.31

출처_Arms Control Association(http://www.armcontrl.org)

세계의 핵무기 보유 현황과 선제 핵무기 불사용

핵무기, 누가 얼마나 갔고 있나?

핵무기라는 절대 무기의 등장은 한편으로는 '없애야 한다'는 이성도 갖게 했지만, '갖고 싶다'는 욕망도 낳고 말았다. 이에 따라 핵무기 보유 국가 및 이 무기를 손에 넣으려는 국가들이 늘어나기 시작했다. 미국, 소련에 이어 영국, 프랑스, 중국이 핵보유국이 되었고, 이들 5개국은 핵확산금지조약NPT에 따라 공식적인 핵보유국이 되었다. 다음 표에서도 알 수 있듯이 이들 국가는 핵무기의 양과 질을 획기적으로 증강시켜, 1980년대 중반에는 5대 핵국가들이 보유한 핵무기 숫자가 7만개를 돌파하기도 했다. 미소간의 군축협상이 본격화되고, 냉전히 해체되어 핵무기 숫자는 점차 줄어들었다. 그러나 스웨덴의 저명한 군사연구기관인 스톡홀름국제평화연구소SIPRI에 따르면, 2007년 5대 핵보유국이 보유하고 있는 핵무기 수는 2만7천개에 달한다.

5대 핵보유국의 핵보유 변화 추이(1945년~2006년)

연도	미국	소련(러시아)	영국	프랑스	중국	합계
1945	6					6
1949	235	1				236
1953	1436	120	1			1557
1960	20434	1605	30			22069
1964	31056	5221	310	4	1	36592
1972	27912	14478	220	70	130	42810
1980	24304	30062	350	250	280	55246
1986	24401	45000	300	355	425	70481
1992	14747	33000	300	540	435	49022
2000	10577	21000	185	470	400	32632
2006	10104	16000	200	350	200	26854

출처_Bulletin of The Atomic Scientists, July/August 2006

이들 5개국 이외에도 약 30개국이 핵무기 개발 및 보유를 시도했다. 이들 가운데, NPT 비회원국인 이스라엘, 인도, 파키스탄은 핵무기를 손에 넣는 데 성공했고, NPT 회원국이었던 북한은 20003년 1월 이 조약에서 탈퇴해 2006년 10월에는 핵실험까지 단행하여 9번째 핵보유국이 되었다. 그러나 북핵 문제는 6자회담을 통해 논의 중인 사안이어서 북한이 핵보유국으로 남을 것인지의 여부는 아직 미지수이다. 다음의 표는 핵개발을 추구했던 35개국을 유형별로 분류해서 정리해 둔 것이다.

핵무기 개발을 추진해온 국가들(총 35개국)

NPT 핵보유국	최근 핵 포기 국가
미국 러시아 영국 프랑스 중국	이라크 리비아
NPT 비회원국 중 핵보유국	**구소련의 핵무기 포기 국가**
이스라엘 인도 파키스탄	벨로루시 카자흐스탄 우크라이나
핵보유 추진 국가	**1970년 이후에 핵 포기 국가**
북한[e] 이란	아르헨티나[a] 한국 호주[b] 스페인[a] 브라질 스위스[b] 캐나다[c] 타이완 루마니아 유고슬라비아 남아공
핵보유 추진 의심 국가	**1970년 이전에 핵 포기 국가**
알제리 사우디아라비아 시리아	이집트 노르웨이[b] 이탈리아[b] 스웨덴 일본[b] 서독[d]

a: 활발한 핵 프로그램을 갖고 있었으나 핵무기 제조 의도가 확인되지 않은 나라
b: 핵무기 보유가 검토되었으나 핵 프로그램을 민수용으로 한정한 나라
c: 캐나다는 80년대 초까지 250~450개의 미국 핵무기를 수용·배치했음
d: 서독은 독자적인 핵무기를 개발하지 않았으나 미국이 제공한 핵무기를 보유하고 있었음
e: 북한은 2006년 10월 9일에 핵실험 실시했음

출처_Universal Compliance, June 2007, p.20.

2007년 현재 5대 핵보유국과 이스라엘, 인도, 파키스탄, 북한의 핵무기를 더하면 지구상에는 2만7천만개 가량의 핵무기가 존재한다. 이 가운데 97%는 미국과 러시아의 핵무기이다. 미국과 러시아, 그리고 6자회담을 통해 비핵화 프로세스에 있는 북한을 제외한 핵보유국의 핵무기 보유 현황은 아래와 같다.[6]

6 이 부분은 미국의 저명한 핵정보 웹사이트인 NTI(http://www.nti.org)의 내용을 주로 참고했다.

영국: 미국과 소련에 이어 핵무기를 보유한 나라는 영국이다. 1953년에 핵실험을 통해 핵무기를 보유한 영국은 현재 200개 정도의 핵탄두를 보유한 것으로 알려지고 있다. 영국은 1998년 전략방위재검토Strategic Defense Review를 통해 핵무기를 탑재한 폭격기를 퇴역시키고 잠수함발사탄도미사일SLBM을 유일한 핵 억제력의 수단으로 삼아왔다. 2006년 12월에는 4척의 핵잠수함을 최신형으로 대체하는 대신에 핵탄두수를 20% 가량 줄이는 방안을 추진키로 하고, 2007년 여름 현재 이를 검토중에 있다. 영국은 또한 미국 핵무기를 자국 영토에 배치하는 것을 허용하고 있는데, 110개의 B61 핵폭탄이 주영 미군기지에 배치되어 있다.

프랑스: 1960년 핵실험을 단행한 프랑스는 4번째 핵보유국이다. 핵무기 보유수는 350개에 달하고, 이들은 미라지 폭격기, 핵잠수함 등에 장착되어 있다. 프랑스는 1960년 이후 1996년까지 210 차례 핵실험을 실시했는데, 자크 시라크 대통령이 96년 핵무기 전략을 개정하면서 핵실험을 중단하는 한편, 태평양 여러 섬들에 있었던 핵실험 시설을 해체하고 플루토늄 재처리와 고농축 우라늄 프로그램도 중단했다.

중국: 1964년 10월에 핵실험을 단행한 중국은 NPT에서 인정하는 마지막 핵보유국이다. 그러나 중국은 전통적으로 "핵선제불사용no-first use"과 최소한의 핵무기로 외부의 위협에 맞선다는 '최소억제 전략'를

유지해왔다. 이에 따라 중국의 현재 핵무기 보유수는 400개 가량에 달한다. 이 가운데 미국 본토를 공격할 수 있는 핵탄두 장착 ICBM은 20여기가 있다. 그러나 미국이 미사일방어체제MD 구축을 본격화하고 중국의 군현대화에 대한 견제와 봉쇄가 심해지면서 핵전력의 강화를 꾀하고 있다.

중국이 핵개발에 나선 데에는 한국전쟁과 밀접한 관계가 있다. 한국전쟁 발발 직후인 1950년 7월, 트루먼 대통령은 핵폭탄을 탑재한 B-29 폭격기를 태평양에 배치하면서 중국이 한국전쟁에 개입하는 것을 저지하기 위해 핵무기 사용도 고려할 수 있다고 경고했다. 1952년에는 아이젠하워 대통령 당선자가 한국전쟁 정전협상이 계속 지체된다면 중국을 상대로 핵무기를 사용할 수 있다고 공개적으로 언급했다. 한국전쟁 이후에도 중국이 한반도 전쟁에 또 다시 개입하거나 한국을 공격한다면, 핵보복을 당할 것이라는 경고가 이어졌다. 이러한 위협에 직면했던 중국은 1954년부터 소련의 지원을 바탕으로 핵무기 개발에 박차를 가하게 된 것이다. 그러나 1959년 들어 중소분쟁이 발생하자 소련은 중국의 핵무기 개발 지원을 중단했다. 그러나 핵개발의 고삐를 늦추지 않은 중국은 1964년 우라늄 폭탄 실험에 이어 불과 3년 뒤에는 수소폭탄 실험에도 성공했다.

중국은 최근에도 핵전력 현대화을 지속하고 있다. 이동식, 다탄두 탄도미사일은 물론이고 잠수함발사 핵미사일도 개발·배치하고 있다. 이러한 중국의 핵전력 강화는 크게 세 가지 동기에서 비롯된다. 첫째는 노후한 핵무기를 현대식 핵무기로 대체한다는 것이다. 둘째는 미국의 MD를 비롯한 최첨단 무기체계에 대응해 자국 핵전력의 생존율을 높여 핵 억제력을 유지하고, 미국의 MD를 뚫을 수 있는 핵무기의 필요성을 강하게 느끼고 있다. 셋째는 기존의 최소억제 전략에서 "제한 억제" 전략으로 바꾸면서 단순한 핵보복 능력이 아니라 재래식 및 핵 전쟁을 억제하고 핵전쟁 발발시 상황에 대한 통제력을 높이기 위해 핵전력을 강화하고 있다는 것이다. 특히 미국에 대한 핵 억제력을 강화하기 위해 미국 본토를 공격할 수 있는 핵미사일 수를 현재 20여기에서 2015년을 전후해 100기 정도로 늘릴 것이라는 전망이 나오고 있다.

이스라엘: 이스라엘은 세계 6번째이자 중동에서 최초로 핵무기를 보유한 나라이다. 1950년대 중반부터 핵개발에 나선 이스라엘은 1960년대 중반 핵무기에 대한 연구·개발을 완료했고 1970년대부터는 국제사회로부터 핵보유국으로 인식되었다. 그러나 이스라엘은 현재까지 핵무기 보유를 확인도 부인도 하지 않는 NCND를 고수하고 있다. 이스라엘의 핵모호성 유지로 이스라엘의 정확한 핵전력은 여전히 베일에 가려져 있으나, 국제사회는 이스라엘이 100~300개 가량의 핵무기를 보유한 것으로 추정하고 있고, 다양한 운반수단과 지휘통제 시스템을 보유해 영국 및 프랑스와 비슷한 능력을 갖춘 것으로 보고 있다.

이러한 이스라엘의 핵보유 야심은 건국 직후부터 잉태되어 있었다. "이스라엘을 승인하지 않는 아랍 국가들에 맞서 자국의 안보를 지키기 위해서는 핵무장이 필수적"이라는 인식을 갖고 있었기 때문이다. 인구, 영토, 자원 등 다른 국력 분야에서의 열세를 만회하기 위해서는 과학의 힘에 의존할 필요가 있고, 그 과학의 힘은 바로 핵무장에 있었다고 생각한 것이다. 이러한 인식을 바탕으로 이스라엘은 1952년 이스라엘 원자력위원회를 만들어 핵개발에 착수했고, 1957년에는 프랑스와 비밀 협약을 체결해 프랑스로부터 핵개발 지원을 받기도 했다. 그러나 드골 대통령이 집권한 이후 프랑스는 핵개발 지원을 중단했고, 이스라엘은 자체적으로 핵개발을 마무리 하게 되었다. 또한 이스라엘의 핵개발 움직임을 포착한 아이젠하워 미국 대통령에게는 '평화적 목적'에 국한된 것이라며 무마했다.

그러나 핵비확산에 지대한 관심을 갖고 있었던 케네디가 이스라엘 핵무기 개발에 반대하고 나서 한때 양국 관계가 긴장에 빠지기도 했다. 그러나 케네디가 암살당하고 핵비확산에 큰 관심이 없었던 존슨이 등장하면서 이스라엘은 핵개발을 완수하게 되었다. 그러나 이를 철저하게 비밀에 붙임으로써 미국을 자극하려고 하지 않았고, 미국도 이스라엘의 핵무장을 공식 확인하지 않으면서 이를 묵인하는 태도를 보였다. 일례로 존슨 행정부는 1968년 이스라엘의 NPT 가입을 요구했다가 이스라엘이 자국의 안보를 명분으로 난색을 표하자 이스라엘의 입장을 수용하고 팬텀 전투기까지 제공했다. 그리고 1969년에는 골다 마이어 이스라엘 총리와 닉슨 미국 대통령이 비밀 협약을 체결하게 되는데, 주요 골자는 미국은 이스라엘의 핵무장을 용인하고 이스라엘은 핵실험을 하지 않고,

공식적으로 핵보유를 선언하지 않으며, 핵무기를 외교의 수단으로 삼지 않겠다는 이른바 '핵 모호성' 유지를 약속했다. 이와 같은 미국의 묵인과 이스라엘의 모호성을 바탕으로 이스라엘의 핵전력은 비약적으로 성장해 공식적인 핵보유국인 영국과 프랑스에 버금가는 수준까지 올라서게 된 것이다. 1970년대에 이미 전투기와 탄도미사일에 핵무기를 장착한 이스라엘은 2000년대 들어 잠수함발사핵미사일 능력을 확보하기 위해 박차를 가하고 있다. 이에 성공할 경우 이스라엘은 육·해·공에서 핵무기를 사용할 수 있게 되어 핵 억제 전략에서 요구되는 2차 핵공격 능력을 확고히 하게 된다.

인도: 영국 식민지 시대부터 원자력에 주목했던 인도는 1947년 독립 직후부터 핵 에너지 생산을 주목적으로 핵개발에 나섰다. 그러나 1962년 중국과의 전쟁에서 패배하고 중국이 1964년 핵실험을 단행하자 인도도 핵무기 개발에 박차를 가했다. 1974년 핵실험을 한 인도는 이 실험이 평화적 핵폭발peaceful nuclear explosion라고 주장했고, 이를 뒷받침하듯 추가적인 핵실험과 무기화를 하지 않았다. 그러나 80년대 들어 파키스탄의 핵개발에 가속도가 붙자 인도도 자신의 핵 프로그램을 핵무기용으로 전환하기 시작했고, 1990년대 들어서는 핵실험을 재개하려고 했으나 미국의 압력으로 번번이 수포로 돌아갔다. 그러나 1998년 5월에 두 차례에 걸쳐 핵실험을 단행했다. 주로 플루토늄 프로그램을 이용해온 인도는 매년 30kg 정도의 무기급 플루토늄을 축적해 2007년 현재에는

50~130개의 핵무기를 만들 수 있는 분량의 플루토늄을 보유한 것으로 알려져 있다.

파키스탄: NPT 비회원국으로서 이스라엘과 인도에 이어 핵보유국이 된 나라이다. 1970년대 중반부터 우라늄 농축 프로그램을 통해 핵개발에 나선 파키스탄은 1990년 즈음에 핵무기 제조 능력을 확보한 것으로 알려져 있다. 주로 고농축 우라늄HEU을 통해 핵무기를 추구했고 1998년 5월 핵실험을 통해 이를 입증했다. 2007년 현재 30~50개의 핵무기를 만들 수 있는 분량의 고농축 우라늄을 확보한 것으로 알려져 있다.

선제 핵무기 불사용(No First Use of Nuclear Weapon)

북한을 포함한 9개의 핵무기 보유국 가운데, 핵무기를 먼저 사용하지 않겠다는 선제 핵무기 불사용No First Use 정책을 공식적으로 선언한 나라는 중국, 인도, 북한 등 3개국이다. 이에 반해 미국, 영국, 프랑스, 이스라엘, 파키스탄은 이를 공약하지 않고 있다. 러시아는 한 때 핵선제 불사용을 공언하기도 했지만, 최근 들어서는 대량살상무기WMD 공격에 핵무기 사용도 검토할 수 있다는 입장도 내비치고 있다.

선제 핵무기 불사용 정책이란 다른 핵보유국으로부터 먼저 핵공격을 받지 않는 한, 먼저 핵무기를 사용하지 않겠다는 것을 의미한다. "핵무기 사용 및 사용 위협을 하지 않는다"는 소극적 안전보장NSA이 핵확산금지

조약NPT 회원국 가운데 비핵국가에 적용되는 개념인 반면에, 선제 핵무기 불사용 정책은 핵보유국을 상대로도 적용된다.

최소의 핵무기로 상대방의 핵사용을 억제한다는 최소 억제이론을 핵정책의 기본으로 삼아온 중국은 선제 핵무기 불사용을 공약한 최초의 나라이다. 중국은 비핵국가뿐만 아니라 미국 등 핵보유국에도 이 원칙을 적용하고 있다. NPT 비회원국이면 핵보유국인 인도 역시 최소 억제이론에 기초해 자신의 핵무기는 철저하게 억제용이고 오로지 핵공격에 대한 보복의 수단으로 이용될 것이라고 발표했다. 그러나 "선제 핵무기 불사용 정책이 핵선제공격 능력을 갖지 않겠다는 의미는 아니다"라고 말해, 선제핵공격 능력을 갖추겠다는 입장을 피력했다. 2005년 2월 핵보유를 선언하고, 2006년 10월 핵실험을 단행한 북한 역시 자신의 핵무기는 "철저하게 자위용"이라고 주장하고 있다.

이에 반해 미국, 영국, 프랑스 등 나토 동맹국 소속 핵보유국들은 핵무기 선제 불사용을 공약하지 않고 있다. 이는 역사적으로 냉전 시대에 나토가 바르샤바 조약기구보다 재래식 군사력이 열세에 있기 때문에, 이 열세를 만회하고 소련의 군사적 위협에 대응하기 위해서는 핵무기의 사용 옵션이 정책적으로 필요하다는 인식 때문이었다. 그러나 냉전과 바르샤바 조약기구가 해체된 이후에도 나토는 핵선제 불사용을 약속하지 않고 있다. 1999년 독일 정부가 나토도 이 정책을 채택해야 한다고 제안했으나, 일부 나토 회원국들의 반대로 무산되었다. 영국은 이라크 침공 당시에 "이라크가 생화학무기를 사용한다면, 핵무기로 보복할 수 있다"고 말하기도 했다.

한편, 1995년 노벨평화상을 수상한 조셉 로트블랫 퍼그워시 회장을 비롯한 반핵운동가들은 핵보유국들이 핵무기 선제 불사용을 약속하는 국제조약 체결을 요구해오고 있다. 이 조약을 통해 당장 핵무기를 없앨 수는 없지만, 핵보유국이 안보정책에 있어서 핵무기에 대한 의존도를 줄여, 우발적이든 계획적이든 핵전쟁의 위험성을 줄이고, 궁극적으로 핵무기를 감축·폐기하는 데 기여할 수 있다고 보고 있기 때문이다. 유엔안보리 상임이사국 가운데 유일하게 무조건적인 핵무기 선제 불사용 정책을 채택하고 있는 중국 역시 2002년 3월에 "무조건적으로 핵무기를 먼저 사용하지 않고, 비핵국가에게 핵무기 사용 및 위협을 하지 않겠다는 약속을 해야 한다"며, 선제 핵무기 사용을 금지하는 조약에 지지 입장을 밝혔다.

기계들의 반란, 혹은 인간의 광기

영화 〈터미네이터3 : 기계들의 반란〉은 기계들의 네트워크 '스카이넷'이 컴퓨터를 조작해 러시아와 미국이 핵전쟁을 벌이게 하고 인류사회가 '운명의 날doomsday', 즉 종말을 맞이하는 것으로 막을 내린다. 이 영화에서 그려진 것처럼 인공지능을 갖춘 기계들이 인간의 통제에서 벗어나 핵전쟁을 '의도적으로' 유발한다는 것은 공상과학 영화에서나 가능한 얘기일 수 있다. 그러나 기계들이 반란을 일으키지 않더라도 의도하지 않은 핵전쟁의 위험은 남는다. 지구상에 핵무기가 확산되고, 1초라도 더 빨리 핵공격에 대응하려는 경계태세가 강화되면서 컴퓨터 등 정보시스템의 오작동이나 사람의 오인·오판에 의한 우발적인 핵전쟁의 위험성은 사라지지 않고 있기 때문이다. 더구나 핵전쟁 관련 부대에

소속된 사람이 술이나 약에 중독되거나 정신 질환을 겪을 가능성도 배제할 수 없다.[7]

닥터 스트레인지러브

블랙 코미디 영화의 대명사로 일컬어지는 〈닥터 스트레인지러브〉는 핵무기를 관리하는 한 장군의 광기와 미국 정부 시스템의 허점을 풍자한다. 1964년 개봉돼 국제사회에서 큰 반향을 일으켰던 이 영화는 미 공군의 잭 리퍼 장군이 전략폭격기 부대에게 소련에 대한 핵공격을 명령하면서 시작된다. 그는 공격 명령을 철회할 것을 요구하는 부하 장교를 자신의 집무실에 감금하고, 핵공격 이유를 설명한다. 미국을 위협하는 소련 공산주의 무리를 없애야 하는데 미국 대통령은 나약해서 이러한 임무를 수행할 수 없어서 자신이 나섰다는 것이다. 소련에 핵폭탄을 투하하면 전면전이 벌어질 것이고, 양측에 많은 피해는 발생하겠지만 소련을 없애기 위해서는 그 정도의 피해는 감수해야 한다는 주장과 함께.

7 실제로 미국의 경우에는 수천명의 사람들이 알콜이나 약물 중독, 그리고 정신질환 때문에 핵전쟁 관련 업무에서 제외되었다. http://www.cnn.com/SPECIALS/1998/06/ground.zero/mishaps/

이에 미국 대통령은 자신의 승인도 없이 핵공격 준비가 개시되자, 대책을 강구하지만 공격 명령을 철회하기 위해서는 리퍼 장군만이 알고 있는 암호를 알아야 한다. 미국 대통령은 군대를 보내 리퍼를 생포하려고 했지만 그는 자살하고 만다. 부하 장교가 리퍼의 노트를 분석한 끝에 암호를 알아내고 철수를 명령하지만, 1기의 폭격기와 통신이 두절돼 명령이 전달되지 않았다. 미국 정부는 부랴부랴 소련 대사를 불러 사태를 설명하지만, 더욱 끔찍한 사실을 알게 된다. 소련은 핵공격을 받는 즉시 무시무시한 보복을 단행하게 되어 있고, 이에 따라 지구는 '운명의 날'을 맞게 된다는 것이다. 미국 대통령은 천재 과학자 스트레인지 러브 박사를 불러 대책을 묻게 된다. 러브 박사는 인류가 살아남을 수 있는 방법이 있다며, "소수의 선택받은 사람들을 지하 깊숙이 대피시켜 100년 후에 다시 지구 문명을 재건하면 된다"고 말한다.

이처럼 우발적인 핵전쟁의 가능성이 제기되자, 냉전시대 라이벌이었던 미국과 소련은 한편으로는 핵전력의 우위에 서고자 모든 방법을 동원하면서도, 다른 한편으로는 우발적인 핵전쟁을 예방하고자 노력했다. 1963년에 핫라인을 설치해 우발 상황이 발생하면 양국 정상이 바로 전화통화를 할 수 있게 만들었고, 컴퓨터의 오작동이나 인간의 오판을 줄이기 위해 이중·삼중의 안전장치도 마련하려고 했다.

그러나 미소 냉전 시대는 물론이고 냉전 해체 이후에도 우발적인 핵전쟁을 야기할 뻔한 사고는 끊이지 않고 발생하고 있다. 미국 측 사고만도 알려진 것이 20여 차례나 된다. 소련(현재는 러시아) 측에서도 많은 사고가 있었을 것이라는 점은 어렵지 않게 예상할 수 있다. 또한 여전히 비밀로 묶여 있는 것들도 상당하다. 인간의 오판이든, 기계의 오작동이든, 우발적인 핵전쟁의 위험성은 여전히 유령처럼 지구상을 배회하고 있는 것이다. 핵시대평화재단Nuclear Age Peace Foundation의 알랜 필리스가 정리한 것을 바탕으로 주요 사고를 요약하면 아래와 같다.[8]

수에즈 운하 위기(1956년 11월 5일): 영국과 프랑스가 이집트의 수에즈 운하를 공격하면서 발생한 수에즈 운하 위기 당시 미국의 북아메리카방공사령부NORAD는 정체불명의 항공기가 터키상공을 비행하고, 100기의 소련 전투기가 시리아 상공에 진입했으며, 영국의 전폭기가 시리아 상공에서 격추되고, 소련의 비행편대가 다르다넬스 해협으로 이동하는 것을 포착했다. 이에 따라 미국은 나토가 소련을 상대로 핵전쟁을 전개할 가능성을 크게 우려했다. 그러나 이들 정보는 잘못된 것으로 판명되었다. 정체불명의 항공기는 백조들이었고, 100기의 소련 전투기는 시리아 대통령이 소련 방문을 마치고 귀국길에 오른 항공기들이었으며, 영국 전폭기의 추락 원인은 기계 결함이었고, 다르다넬스 해협에 출현한 소련 전투기는 통상적인 군사훈련에 따른 것이었다.

덜루스 침입자 사건(1962년 10월 25일): 미소간에 쿠바 미사일 위기가

---

8 이들 사고를 비롯한 우발적 핵전쟁을 야기할 수 있었던 사건들에 대한 기록은 http://www.nuclearfiles.org/menu/key-issues/nuclear-weapons/issues/accidents/index.htm 참조.

발생한 직후, 미국 미네소타주 북동부 소재 덜루스 센터의 한 경비병이 침입자를 발견했다. 그는 그 침입자를 향해 사격을 가했고, 비상경보를 발동했다. 그런데 위스콘신에 있는 볼크 필드Volk Field 기지에서 이 경보를 출격 신호로 오인해 핵무기를 탑재한 F-106A 요격기를 출격시키려고 했다. 그러나 덜루스 센터와 교신을 통해 오작동이라는 것을 알게 되었고, 덜루스 센터의 침입자는 사람이 아니라 곰이라는 것이 밝혀졌다.

정전사태와 폭발 경보(1965년 11월): 미국의 주요 도시 및 군사 시설 인근에는 핵폭발이 발생한 지역을 즉각 알려주는 경보 시설들이 설치되어 있었다. 평상시에는 녹색등으로 나타나고, 정전이나 기계 고장 등으로 경보등에 문제가 있을 때에는 노란색을 띠어야 한다. 그런데 1965년 11월 미국 북동부에서 발생한 정전사태 당시 두 지역의 경보 시설에서 핵폭발을 알리는 빨간등이 켜졌다. 이는 마치 정전사태가 핵폭발에 의해 발생한 것처럼 착각하게 만들었고, 비상계획위원회는 완전 경계상태에 돌입했다. 그러나 곧 경보 시설의 오작동으로 판명나면서 이 아찔한 해프닝은 끝났다.

중동위기와 경보 오작동(1973년 10월 24~25일): 유엔의 개입 하에 아랍-이스라엘 전쟁 휴전 논의가 막바지에 달하고 있었던 1973년 10월 24일, 미국 정보 기관은 소련이 이집트를 돕기 위해 중동사태에 개입하려고 한다는 보고를 백악관에 올렸고, 당시 워터게이트 사건으로 대통령직

수행이 불가능했던 닉슨 대신 다른 고위 관료들이 데프콘-3를 발령했다. 이에 따라 미소 양측의 군사적 준비태세가 강화되기 시작했다. 다음날인 25일에 미시간 소재 미공군기지를 수리하고 있던 정비공이 우발적으로 전체 경보시스템을 발동시켰다. 전투비행사들은 즉시 핵무기를 탑재한 B-52 전폭기에 탑승했고, 시동을 걸었다. 다행히 이 오류를 발견한 장교가 비행사들에게 이 사실을 알려, 추가적인 상황은 발생하지 않았다.

컴퓨터 연습용 테이프(1979년 11월 9일): 미소간에 유럽에 중거리 미사일 배치 문제로 긴장이 고조되었던 79년 11월 9일, 미국의 4개 사령부에 있던 장교들은 소련이 대규모로 미국에 미사일을 퍼붓고 있는 장면이 스크린에 나타난 것을 봤다. 즉각 미국은 보복 태세로 돌입해, 수많은 전투기들이 출격했다. 미군 당국은 1963년에 설치된 소련과의 핫라인조차 가동하지 않았다. 당시 카터 대통령의 소재가 파악되지 않아, 군사령관의 독자적인 판단에 따른 것이었다. 그러나 북아메리카 방공사령부의 조기 경보 레이더에는 한발의 소련 미사일도 포착되지 않았고, 인공위성 역시 어떠한 미사일 발사도 탐지하지 않았다. 이에 따라 긴급상황은 종료되었다. 미국 의회는 이 사태의 조사를 결의했고, 일반회계국GAO의 조사 결과, 핵공격에 대비하기 위해 만든 '연습 테이프'가 컴퓨터에서 가동되었던 것으로 확인되었다.

컴퓨터 칩의 오작동(1980년 6월 3일): 통제센터에 있는 컴퓨터 화면은 미국으로 향하는 미사일을 '0000 ICBM 탐지, 0000 SLBM 탐지'로 나타낸다. 숫자 0은 탐지된 미사일이 없다는 것을 의미한다. 그런데 1980년 6월 3일, '0' 숫자 사이로 '2'가 나타나기 시작했다. 수십발에서 수백발의 미사일이 미국을 향하고 있다는 의미이다. 미국은 보복 준비에 착수했고, 전투기 조종사들은 출격 시동을 걸었다. 그러나 이 역시 컴퓨터 오작동으로 판명났다.

이처럼, 미국과 소련이 첨예한 핵군비 경쟁을 벌였던 냉전 시대에 기계의 오작동이나 인간의 오인으로 인한 우발적인 핵전쟁이 일어날 뻔한 '아찔한' 순간들은 여러 차례 있었다. 문제는 냉전이 해체된 이후에도 미국과 러시아가 일촉즉발의 경계 태세를 계속 유지함으로써, 우발적인 핵전쟁의 위험성이 여전히 상존한다는 데 있다. 미러 양국은 상대방의 미사일 공격이 탐지되면 15분 이내에 핵보복이 가능한 '경보 즉시 발사 launch on warning' 체제를 유지하고 있다.

대표적인 사례가 1995년 1월 러시아에서 발생했다. 러시아가 노르웨이의 과학 위성 발사를 미국의 핵미사일 발사로 오인한 것이다. 불과 5분이면 모스크바에 미사일이 떨어질 것이라고 오판한 보리스 옐친 러시아 대통령은 핵공격 명령을 내릴 수 있는 '핵가방nuclear briefcase'을 가동했다. 다행히 몇 분후에 러시아의 조기경보 레이더가 미사일의 탄착지가 러시아가 아니라는 결론을 내리면서, 핵전쟁은 피할 수 있었다. 당시 노르웨이는 러시아를 비롯한 35개국에 로켓 발사를 통보했으나,

이 정보가 경보시스템을 운영하는 러시아 장교들한테까지 전달되지 못해 발생한 '아찔한 해프닝'이었다.

러시아는 구소련 몰락 이후 국방비가 크게 줄어 레이더를 비롯한 조기경보 시스템이 노후화되어 있고, 인공위성의 숫자와 성능도 미국에 비해 크게 떨어진다. 이에 따라 1995년 해프닝과 같은 일은 얼마든지 재현될 수 있다. 이에 따라 미국과 러시아 정부는 경보시스템의 오작동이나 오인에 의해 핵전쟁의 발발 가능성을 인정하고, 1998년에 양국이 공동운영하는 레이더 기지를 모스크바에 건설하기로 했다. 양국이 공동으로 레이더 기지를 운영해 오인 가능성을 줄여보자는 것이었다. 그러나 이 기지는 아직도 가동되지 않고 있다.

더구나 미국은 부시 행정부 출범이후 대륙간탄도미사일ICBM 일부에 재래식 무기를 장착해 사용한다는 계획을 발표했는데, 이는 유사시 적의 지하시설 등 핵심 목표물에 비핵 ICBM이 사용될 수 있다는 것을 의미한다. 문제는 러시아나 중국 등이 미국이 비핵 ICBM을 북한 등 제3국에 발사했는데, 이를 자신에 대한 공격으로 오인하고 핵보복에 나설 수도 있다는 것이다. 특히 잠수함에서 발사되는 ICBM이 베이징이나 모스크바에 도달하는 시간이 불과 10~15분에 불과해 미사일의 궤도와 종류를 정확히 파악할 수 있는 시간이 절대적으로 부족한 현실이다. 이러한 우려를 반영하듯 푸틴 러시아 대통령은 미국이 비핵 ICBM 배치 의사를 밝힌 2006년 5월, "그런 종류의 미사일의 발사로도 전략 핵무기를 사용하는 대규모의 핵전쟁을 유발할 수 있다"고 경고하기도 했다.

더욱 주목할 점은 세계 일류국가를 자처하는 미국에서도 핵무기 관련 사고가 최근에도 빈번하고 있다는 것이다. 2007년 8월말에는 장거리 폭격기인 B-52기가 핵무기를 장착한 줄도 모른 채 36시간 동안 북부 노스다코타주에서 남부 루이지애나주까지 미 본토를 종단하는 어처구니없는 일이 벌어졌다. 또한 2008년 3월에는 미 공군이 대만에 헬리콥터 배터리 대신 대륙간탄도미사일ICBM 기폭 장치 4개를 잘못 보낸 것이 2년만에 드러나 국제사회를 또 다시 놀라게 했다. 대만에 실수로 인도된 기폭 장치는 핵분열 물질은 아니지만 핵분열 연쇄반응을 일으켜 핵폭발을 가능케 하는 핵무기의 핵심 부품이다. 한편 미국 과학자 연맹FAS은 따르면 미 공군에서 발생한 핵무기 취급 부주의 사례는 2001년부터 2007년 9월27일까지 모두 237건이나 있었다고 발표하기도 했다. 미국의 핵무기 관리에도 허점이 많다는 것을 잘 보여준다.

핵전쟁과 환경파괴

미국과 소련 사이에 핵무기 군비경쟁이 정점에 달했던 1980년대, 양국의 과학자들은 미소간의 전면적인 핵전쟁이 가져올 재앙을 경고하고 나섰다. '핵 겨울'이라고 명명된 환경 재앙은 지구를 꽁꽁 얼게 하고 식량 생산 능력을 제거함으로써 수십억명의 아사자가 발생할 것이라는 내용이 그 요지이다. 인류 사회는 이러한 연구 결과에 경악했고, 핵군비경쟁이라는 '미친 짓'을 끝내야 한다고 목소리를 높였다. 미소간의 핵군축 협상은 탄력을 받았고, 핵군축 협상에 이정표를 세운 것으로 평가받는 미하엘 고르바쵸프는 핵 겨울에 대한 경고가 자신의 결정에 영향을 미쳤다고 말하기도 했다.[9] 그렇다면 핵전쟁에 의한 환경 재앙은

9 Alan Robock, "Time to Bury a Dangerous Legacy - Patr II", YaleGlobal, March 17, 2008.

냉전의 종식과 함께 사리진 것일까?

미소간의 핵군비경쟁이 정점에 달했던 1980년대 초반 지구상에는 약 7만개의 핵무기가 존재했다. 그리고 20여년이 지난 오늘날에도 지구상에는 최대 3만개의 핵무기 있다. 미국과 러시아가 각각 1만개 이상을 갖고 있고, 영국, 프랑스, 중국, 인도, 파키스탄, 이스라엘도 수백기의 핵무기를 보유하고 있다. 그리고 최근 북한은 핵실험을 통해 9번째 핵보유국의 언저리에 서게 되었는데, 북한의 핵무기 보유수는 최대 10개 정도인 것으로 알려지고 있다. 핵무기의 숫자는 냉전시대보다 줄었지만, 핵무기 보유국은 오히려 늘어나고 있는 실정인 것이다.

이처럼 여전히 엄청난 분량의 핵무기가 존재하고 핵무기 보유국 수가 늘어나면서 1980년대 인류 사회를 충격으로 몰아넣은 '핵 겨울'의 공포는 여전히 지구촌을 배회하고 있다. 지구 전체를 '핵 겨울'로 몰아넣을 수 있는 미러간의 핵전쟁의 가능성은 여전히 상존하고 있는데, 가령 양국이 자신의 핵무기 가운데 3분의 1씩만 사용해도 인류 사회는 '핵 겨울'을 피할 수 없다. 인도와 파키스탄이 핵군비경쟁을 벌이고 있는 남아시아는 핵전쟁이 발발할 가장 위험한 지역으로 분류되고 있고, 핵보유국 이스라엘과 이란이 갈등을 벌이고 있는 중동과 북미간의 핵갈등이 20년째 지속되고 있는 한반도 역시 그 후보 지역들이다. 그럼에도 불구하고 냉전의 종식과 함께 핵전쟁에 대한 인류사회의 경각심은 크게 줄어들었다.

오늘날 인류 사회는 지구 종말의 위험성을 지구 온난화에서 찾고 있다. 연평균 기온이 2도가 오르면 생물 30%가 사라지고 3도가 오르면 해수면이 상승해 전세계 해안의 30%가 물에 잠길 것이라는 유엔의 연구 결과는 지구 온난화의 심각성을 잘 보여준다. 특히 인류사회가 이 문제에 적극적으로 대처하지 못하면, 머지않아 지구는 멸망할 것이라는 섬뜩한 예언까지 나오고 있다.

그래서 혹자는 인류의 생존을 위협하는 가장 큰 위험은 핵무기와 함께 지구 온난화라고 말한다. 그런데 최근 환경문제 차원에서 핵무기의 위험성에 대한 경종을 울리는 연구 결과가 나와 주목을 끌고 있다. 연구결과의 핵심은 수십기의 핵무기가 사용되는 소규모 전쟁만으로도 지구 온난화보다 더욱 심각한 결과를 가져오는 환경 파괴를 야기한다는 것이다.

캘리포니아주립대UCLA와 콜로라도 대학이 주축이 되어 수행한 '소규모 핵전쟁이 환경에 미치는 영향'에 대한 연구 결과는 한마디로 섬뜩하다. 우선 오존층의 40~70%가 파괴되고, 핵 먼지가 태양열을 흡수해 세계 연평균 기온이 1.25C 정도 떨어진다. 또한 핵전쟁이 일부 지역에서 발발하더라도 환경 파괴는 전지구적으로 나타난다. 예를 들어 인도-파키스탄 사이에 핵전쟁이 벌어지면, 환경 파괴로 인한 이상 기후와 식량 생산의 급감으로 인해 핵전쟁에 의한 직접 사망자 이상의 사망자가 다른 지역에서 나올 수 있다고 한다. 특히 핵 먼지와 매연이 성층권에 퍼지면 10년 이상 사라지지 않고 바람을 타고 다른 지역으로 퍼지기 때문에, 환경 파괴와 이에 따른 인류 생존의 위기는 다음 세대까지 계속 이어질 수밖에 없다고 경고한다. 지구상에 존재하는 핵무기의 0.03%에 해당하는 50~100개의 핵무기만 터지더라도 말이다.[10]

'지구 종말의 시계', 어떻게 변해왔나

'지구 종말의 시계Doomsday Clock'는 1947년 핵과학자협회가 협회보를 발간하면서 처음 선보인 것이다. 단체의 설립자 가운데 한 사람인 에우진 로빈노비치는 "이 시계는 국제정치의 변동보다는 핵시대에 인류사회의 생존이 얼마나 큰 위협에 노출되고 있는지, 그리고 왜 우리가 핵무기에 대한 기본적인 태도와 제도를 바꿔야 하는지를 보여주기 위한 것"이라고 설명했다. 1945년 창립된 이 단체에는 18명의 노벨상 수상자와 스티븐 호킹 캠브리지대 물리학 교수 등 명망가들이 대거 포진하고 있다. 1947년 처음 선보일 때, 이 시계의 분침은 자정 7분 전에 맞춰졌다. 시계의 명칭에서 알 수 있듯이 자정은 인류사회에 대한 최후의 심판, 즉 종말을 의미한다. 이후 이 시계는 모두 18차례에 걸쳐 시간의 조정되어, 2007년에는 자정 5분전을 가리키고 있다. 그 주요 내용은 아래와 같다.

1949년 자정 3분전: 소련이 핵실험에 성공하고, 이에 흥분한 해리 트루만 미국 대통령이 소련에 대한 핵우위를 확보하기 위해 핵무기 증강에 나서겠다고 발표한 때이다.

10 이 연구결과에 대한 상세한 내용은 http://climate.envsci.rutgers.edu/nuclear/ 참조.

1953년 자정 2분전: 1952년 10월 미국이 많은 논란에도 불구하고 수소폭탄을 실험하고, 9개월후 소련도 미국의 뒤를 따른 시점이다. 핵과학자협회는 시계의 분침을 1분 앞당기면서 이렇게 가다가는 인류의 종말이 멀지 않았다고 경고했다.

1963년 자정 12분전: 미국과 소련이 대기권 핵실험을 금지한 '부분 핵실험 금지 조약'에 서명한 직후이다.

1968년 자정 7분전: 세계 곳곳에서 분쟁이 발생하고 중국과 프랑스가 핵실험에 성공하면서 분침은 또 다시 5분 당겨졌다.

1969년 자정 10분전: 핵확산금지조약NPT이 탄생하면서 3분 늦춰졌다.

1972년 자정 12분전: 미국과 소련이 전략무기제한협정SALT과 탄도미사일 방어조약ABM에 서명하면서 2분 더 늦춰졌다.

1974년 자정 9분전: 인도가 핵실험에 성공하고 미국과 소련이 다탄두 핵미사일의 개발 · 배치에 나서면서 자정에 3분 가까워졌다.

1980년 자정 7분전: 미소간의 핵군축 협상이 중단되고 양국이 안보전략에서 핵무기에 대한 의존도를 높이면서 2분 더 당겨졌다.

1981년 자정 4분전: 소련의 아프가니스탄 침공, 카터 행정부의 강력 반발, 레이건 행정부의 등장 등 신냉전이 조성되면서 최후의 심판 시계의 분침은

3분 더 당겨졌다. 특히 레이건은 소련과의 군축 협상을 중단하고 냉전을 종식시키는 가장 좋은 방법은 소련을 이기는 것이라고 천명했다.

1984년 자정 3분전: 미소간의 신냉전이 정점에 달했던 시기로써, 레이건 행정부가 스타워즈, 즉 미사일방어체제MD 구축을 본격화하고 소련이 핵무기 성능 향상에 박차를 가했다.

1988년 자정 6분전: 고르바초프의 등장, 유럽과 미국을 중심으로 한 반핵운동의 확산 등으로 미소간의 핵군축협상이 성과를 거둔 시기이다. 특히 두 나라는 중거리핵미사일폐기협정INF에 서명했는데, 이는 핵군축 역사의 이정표로 기록되었다. 이에 힘입어 분침이 3분 늦춰졌다.

1990년 자정 10분전: 베를린 장벽의 붕괴로 상징되는 동유럽의 붕괴와 소련의 불간섭 선언으로 냉전이 해체된 시기이다.

1991년 자정 17분전: 냉전 해체 이후 미국과 소련이 전략무기감축협정 START에 나선 시점이다. 핵과학자협회는 "수만개의 핵무기가 국가안보를 보장한다는 환상이 결국 사라지게 되었다"며, 시계의 분침을 자정에서 가장 먼 17분 이전으로 맞췄다.

1995년 자정 14분전: 미국 등 핵보유국이 핵감축에 적극적으로 임하지 않으면서 '핵무기 없는 시대'에 대한 인류사회의 열망이 식어가던 시기이다.

1998년 자정 9분전: 인도와 파키스탄이 잇따라 핵실험을 강행한 때이다.

또한 미국과 소련이 핵감축에 임하지 않고, 15분 이내에 발사될 수 있는 핵미사일 수를 여전히 7천개씩 유지하면서 분침은 다시 5분 앞당겨졌다.

2002년 자정 7분전: 9.11 테러 이후 핵테러의 위험성이 증대되고, 미국이 새로운 핵무기 개발 및 MD 구축에 박차를 가하면서 또 다시 2분 당겨졌다.

2007년 자정 5분전: 미국과 러시아 등 핵보유국의 핵군축이 지지부진한 가운데, 북한이 핵실험을 강행하고 이란이 우라늄 농축 활동을 고수하면서 지구 종말의 시계는 냉전 해체 이후 자정에 가장 가까운 밤 11시 55분을 가리키고 있다.

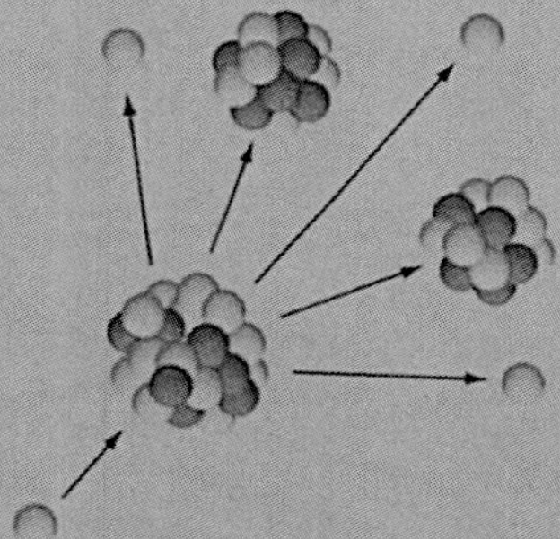

핵무기에 대한 과학적 이해

핵무기란 무엇인가?

핵무기의 기본 개념

핵무기란 핵물질의 핵분열 반응에 의한 폭발을 대량파괴에 이용할 목적으로 제조된 무기를 의미한다. 핵무기의 종류로는 원자폭탄, 수소폭탄, 중성자폭탄 등이 있다. 이에 따라 핵무기를 이해하기 위해서는 핵물질과 핵분열 반응을 알아야 한다.

핵물질이란 원자로 및 핵무기에 사용되는 물질로, 일반적으로 핵분열을 일으키는 특수핵물질Special Nuclear Material, SNM을 지칭한다. 대표적인 핵물질로는 자연에 존재하는 우라늄 동위원소인 우라늄-235의 농축우라늄과 자연에는 존재하지 않는 플루토늄 및 우라늄-233이 있다. 천연우라늄은 우라늄-235가 0.7%이고, 나머지의 대부분은 핵분열을 일으키

지 않으나 중성자neutron 1개를 흡수하여 플루토늄으로 변하는 우라늄-238로 구성되어 있다.[11]

다음으로 핵분열 반응이다. 핵물질target nucleus이 중성자 1개를 흡수하여 두 개의 핵분열 생성물질fission product로 쪼개지면서 2~3개의 중성자를 방출하는 물리적 과정을 핵분열 반응이라 한다. 핵분열 반응 전후의 핵자 간 결합에너지의 차이가 핵분열 생성물질 및 방출된 중성자의 운동에너지로 전환되면서 강력한 에너지를 외부로 방출한다. 이를 그림으로 나타낸 것이 아래와 같다.

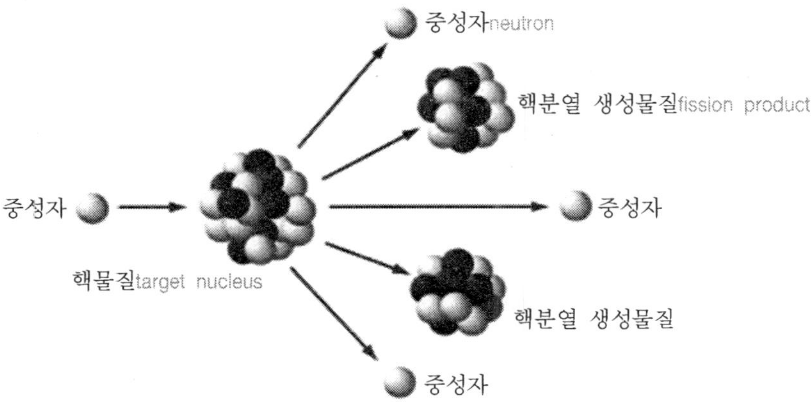

핵분열 반응 모식도[12]

이러한 핵분열 반응이 연쇄적으로 일어나는 현상을 핵분열 연쇄반응

11 천연우라늄은 99.4746% U-238, 0.72% U-235, 0.0054% U-234로 구성되어 있다.

12 The Free Encyclopedia에서 인용.

이라 한다. 핵물질의 양이 적으면 핵분열 연쇄반응이 짧은 시간 내에 끝나지만, 핵물질의 양이 일정량 이상이면 주변 조건에 따라 핵분열 반응 전후로 중성자가 일정한 수를 유지하여 핵분열 연쇄반응이 지속되게 할 수 있다. 이러한 상태를 임계상태라고 하며, 이때의 핵물질량을 임계량이라 한다. 임계량은 핵물질의 밀도 및 중성자 반사체의 유무 등에 따라 달라지며, 핵무기로 사용하기 위한 핵물질의 최소량의 기준으로 해석된다.[13]

핵분열 연쇄반응에서 중성자가 짧은 시간 내에 지수 함수적으로 급격히 증가하게 만들어[14] 대량의 에너지가 폭발적으로 발생하도록 만든 것이 핵분열 폭탄, 즉 원자폭탄이다. 반면, 핵분열 연쇄반응의 속도를 조절하여 일정량의 에너지가 계속적으로 발생하도록 만든 것이 원자로이다. 핵 에너지의 군사적 이용과 평화적 이용의 차이는 여기에서 비롯되는 것이다.

원자폭탄이 핵분열 반응에 기초하고 있다면, 수소폭탄은 핵융합 반응을 이용한 것이다. 우라늄-235 또는 플루토늄 등 무거운 핵물질은 중성자를 흡수할 경우 불안정하므로 핵분열하여 에너지를 방출함으로써 안정된 핵종으로 전환한다. 이에 비해, 중수소deuterium 및 삼중수소tritium의

13 중성자 반사체가 없는 상태에서 Pu-239는 약 10kg, U-235는 약 52kg이다. 국제원자력기구(IAEA)는 나가사키에 투하된 1세대 내폭형 핵무기 1기 제조에 필요한 핵물질량을 유의량(significant quantity)으로 정의하고, 제조상 손실을 고려하여 플루토늄은 8kg, 고농축 우라늄의 경우 U-235 25kg을 유의량으로 정하고 있다. 그렇지만 현대의 내폭형 핵무기에 장착된 핵물질량은 IAEA의 유의량보다 훨씬 적다. 2001년 비밀 해제된 한 미국문서는 플루토늄 4kg이면 핵기폭 장치 1기 제조에 충분하다고 밝히고 있다.

14 이러한 상태를 초임계상태라 한다.

경우[15], 초고온 및 초고압 상태에서 핵융합 함으로써 안정된 핵종 헬륨helium으로 바뀌며 이때 중성자 및 에너지를 방출하는데, 이러한 과정을 핵융합 반응이라 한다.

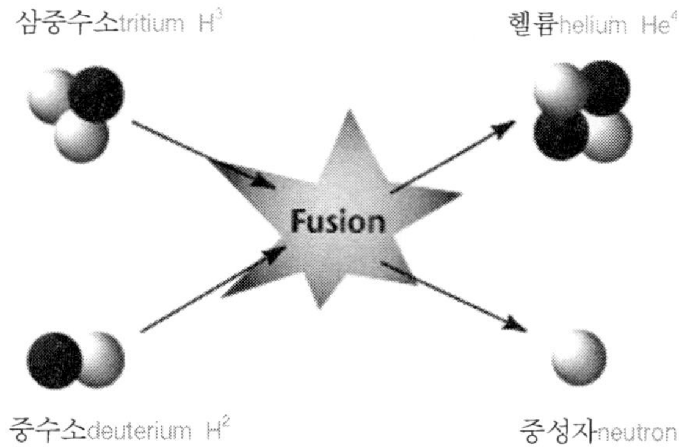

핵융합 반응 모식도[16]

이때, 중수소 및 삼중수소 등의 핵융합 반응 속도를 급격히 높임으로써 대량의 에너지를 폭발적으로 방출하도록 만든 것이 핵융합 폭탄 일명 수소폭탄이다. 수소폭탄의 핵융합 반응은 원자폭탄의 핵분열 반응에 비해 단위 당 방출 에너지량은 10% 정도로 적지만, 핵융합 반응 핵물질의 질량이 핵분열 반응 핵물질의 2% 정도 밖에 안 되므로 단위 반응 핵물질당

---

15 중수소는 수소원자에 중성자가 하나 더 있는 핵종으로 물속에 약 1/5000 정도 포함되어 있다. 이에 비하, 삼중수소는 수소원자에 중성자가 두개 더 있는 핵종으로 자연 속에서는 거의 존재하지 않드며, 원자로 내에서 리튬에 중성자를 쪼여서 제조하므로 제조시간이 대단히 길고 비용이 비싸다고 알려져 있다. 또는 삼중수소는 중수소 원자로의 중수냉각수 속에서도 발생하여 누적되어 있으므로 이를 회수하여 사용할 수도 있다.

16 The Free Encyclopedia에서 인용.

방출에너지량은 수소폭탄이 원자폭탄에 비해 4.2배 많다. 이것이 수소폭탄이 원자탄에 비해 파괴력이 큰 이유이다.

핵물질 생산

앞서 언급한 것처럼, 핵무기 제조로 이용되는 핵물질은 우라늄-235와 플루토늄이 있다. 대표적인 핵물질인 우라늄-235의 농축우라늄은 주로 원심분리기 등을 이용한 우라늄 농축 시설에서, 플루토늄은 원자로 및 재처리시설을 이용하여 생산한다.

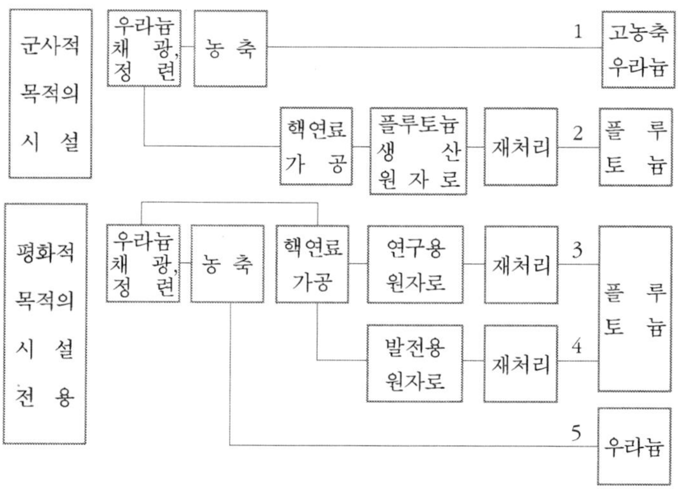

핵물질 생산 과정[17]

---

17 핵비확산핸드북에서 인용.

먼저 농축우라늄을 살펴보자. 천연우라늄은 핵분열 하는 우라늄-235가 0.7%, 나머지는 대부분 핵분열하지 않는 우라늄-238로 구성되어 있다. 그러므로 천연우라늄을 핵연료 또는 핵무기로 사용하기 위해서는 우라늄-235의 비율을 높이는 우라늄 농축과정이 필요하다.[18]

우라늄 농축은 물리적으로나 화학적으로 거의 동일한 특성의 우라늄-235와 우라늄-238을 서로 간 극소의 질량차이(원자량 차이 3)로 분리하여 우라늄-235 비율을 높이는 과정이다. 초창기에는 가스확산법으로 우라늄을 농축하였다. 그러나 가스확산법은 우라늄-235 분리효율이 낮고 대규모 시설을 필요로 하며 전력소비가 대단히 크다는 단점이 있었다. 그런데 농축기술의 발전으로 현재는 분리효율 면에서 월등하고 소비전력이 적은 원심분리기를 이용한 원심분리법이 주로 이용되고 있다. 이외에도 레이저 농축법이 세계적으로 연구개발 중에 있으나 원심분리법에 비해 우라늄 농축 효율 면에서 뒤떨어져 상용화 단계에는 들어서지 못하고 있다.

원심분리기의 예를 들어 우라늄 농축 과정을 물리적으로 설명하면 다음과 같다.

18 일반적으로 경수로형 원자로의 핵연료로 사용하기 위해서는 우라늄-235 농축도를 3~5% 정도, 핵무기에 사용하기 위해서는 90% 정도까지 농축한다. IAEA는 20% 우라늄-235 이상 농축도의 농축우라늄을 고농축 우라늄(HEU)로 정의하고 있다.

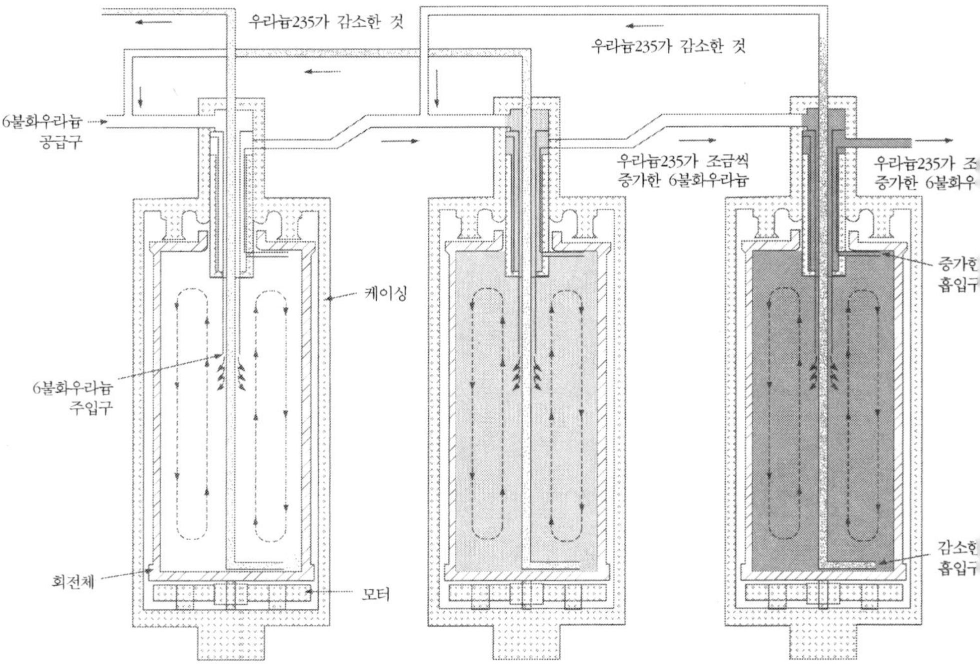

원심분리법에 의한 우라늄농축 과정 모식도[19]

우라늄을 기체상태로 만든 육불화우라늄UF6을 원심분리기에 투입한 후 원심분리기를 회전시키면 근소한 질량차이에 의해 상대적으로 약간 무거운 우라늄-238 기체는 회전통의 외곽부분에, 우라늄-235 기체는 회전통의 안쪽 부분에 몰리게 된다. 우라늄-235가 약간 증가된 회전통 안쪽 부분의 우라늄 기체를 다음 원심분리기에 투입 후 회전시키면

19 원자력지식정보관문국에서 인용.

투입되기 전 우라늄보다 좀 더 농축된 우라늄을 얻게 된다. 이러한 과정을 반복하여 필요한 농축도의 농축우라늄을 생산하게 되는 것이다. 농축을 적게 하면 핵연료로 사용되는 저농축 우라늄을 만들 수 있고, 농축을 많이 하면 핵무기 물질인 고농축 우라늄을 만들 수 있는 것이다. 그러므로 우라늄 농축을 위해서는 일단의 다수의 원심분리기가 필요하며 최소 단위의 원심분리기 집합을 캐스케이드cascade라 한다. 우라늄농축시설 내 원심분리기 집합체는 다음 그림과 같다.

우라늄 농축 시설 내 원심분리기[20]

우라늄 농축 관련 중요한 개념 중의 하나로 "분리작업량Separative Work Unit, SWU"이 있다. SWU는 우라늄 농축 시설의 우라늄 농축 능력을

20 The Free Encyclopedia에서 인용.

나타내는 단위이다. 예를 들어, 파키스탄의 P-2형 원심분리기의 경우[21], 우라늄농축능력은 연간 약 5 SWU이므로 내폭형 기폭 장치 핵무기 1기 분량에 필요한 농도 90%인 우라늄-235의 고농축 우라늄HEU 25kg을 생산하기 위해서는 약 1천기의 P-2형 원심분리기가 필요하다.[22]

다음으로 플루토늄 생산과정을 알아보자. 자연에 존재하지 않는 플루토늄은 핵연료를 원자로에서 태움으로써 만들어진다. 정확한 표현으로는 우라늄-238이 중성자 1개를 흡수하여 플루토늄으로 핵종 변환되는 것이다.

이에 따라 플루토늄을 제조하기 위해서는 원자로가 필요하다. 원자로는 핵물질의 지속적인 핵분열 반응을 제어, 유지시키는 시스템으로 일반적으로 연구목적의 연구로, 전력생산 목적의 발전로, 군사 목적의 플루토늄 생산로 등이 있다. 원자로는 핵물질을 포함하고 있는 핵연료, 핵분열 연쇄반응을 조절하는 제어봉, 중성자를 감속시키는 감속재, 핵분열반응 결과 방출되는 열을 식히는 냉각재, 원자로 용기 등으로 구성되어 있다.

원자로는 감속재의 종류에 따라 다음과 같이 분류되기도 한다.[23]

---

21 2005년 9월 페르베즈 무샤라프 파키스탄 대통령은 압둘 카디르 칸 박사가 북한에 12~20기의 P-2 원심분리기, 설계도 및 관련 부품을 제공한 사실을 시인하였다.

22 열화우라늄 농축도를 0.3%로 가정할 경우, 90% 우라늄-235의 HEU 25kg을 생산하기 위해서는 974기의 P-2형 원심분리기가 필요하다.

23 중성자를 감속시키지 않고 핵분열반응을 지속시키는 '고속로(Fast Reactor)'는 감속재를 사용하지 않으며, 우라늄-238을 플루토늄으로 전환시키는 능력이 뛰어나다. 그러나 안전성 및 경제성 문제로 아직 상용화는 20~30년 이후의 미래일로 여겨지고 있다.

감속재로 일반적인 물을 사용하는 경수로, 중수를 사용하는 중수로, 흑연을 사용하는 흑연로[24]가 그것이다. 원자로의 종류에 따라 사용하는 핵연료 내 우라늄농축도가 다른데, 감속재 특성상 중수로 및 흑연로는 천연우라늄을, 경수로는 3~5% 정도의 저농축우라늄을 사용한다.

원자로 내에서 플루토늄이 생성되는 과정을 기술하면 다음과 같다. 원자로 내 핵연료의 우라늄-235에 의한 핵분열 결과 생성된 중성자가 우라늄-238에 흡수되면 이는 우라늄-239 및 넵튬Np-239를 거쳐 플루토늄-239로 변환된다. 플루토늄-239는 중성자 한 개를 흡수하면 핵분열하는 경우도 있고, 핵분열하지 않으면 플루토늄-240으로 변환된다. 플루토늄-240이 중성자 한 개를 흡수하면 플루토늄-241로 변환되고, 플루토늄-241은 중성자 한 개를 흡수하여 플루토늄-242로 변환된다. 이러한 과정을 거쳐, 원자로 내 핵연료 속에는 일정량의 플루토늄이 생성 누적된다.[25]

핵연료 속에 생성 누적된 플루토늄을 추출하려면 화학공정인 재처리 과정을 거쳐야 한다. 재처리는 사용후 핵연료, 혹은 폐연료에서 플루토늄과 남은 우라늄을 강한 방사성의 핵분열 생성물 및 기타 초우라늄 물질로부터 분리하는 작업이다. 재처리공정에는 여러 방안이 있으나

---

24 예를 들어, 북한 영변의 5MWe 원자로는 플루토늄 생산이 목적인 흑연로이다.

25 플루토늄 동위원소는 플루토늄-238부터 플루토늄-242까지 5가지가 대표적이며, 플루토늄-239의 비율이 가장 높다. 전체 플루토늄에서 플루토늄-239 및 플루토늄-240이 대부분(약 80~90%)을 차지한다. 플루토늄-238은 우라늄-235가 중성자를 3개 흡수함으로써 생성된다. 플루토늄 생성량의 예를 보면, 북한 영변의 5MWe 원자로는 전체 핵연료 50t에 연간 플루토늄 5~6kg이 생성된다. 이에 비해 경수로는 일반적으로 전체 핵연료 량의 약 1% 전후의 플루토늄이 생성된다.

지난 수십 년간 세계적으로 가장 일반적으로 널리 이용되는 퓨렉스PUREX 공정이 대표적이다.[26]

퓨렉스 공정에 대해 기술하면 다음 그림과 같다. 사용후 핵연료는 핵연료 부분이 피복재에 밀봉되어 있으므로 핵연료를 용해하기 전에 피복재를 절단하여 질산에 용해시킨다. 용매인 인산트리부틸TBP을 희석제인 탄화수소에 용해시켜 유기용매와 질산에 녹인 핵연료를 혼합하면 우라늄과 플루토늄은 용매 측으로 옮겨가고 핵분열 생성물의 대부분은 질산용액에 남는다. 플루토늄의 원자가를 바꾸면 용매와의 친화성이 감소하는 특성을 이용하여 우라늄과 플루토늄을 분리한다. 이러한 과정을 거쳐 분리 추출한 플루토늄과 우라늄은 산화물 형태로 저장 보관된다.

재처리 과정에서 부산물로 회수되는 핵분열 생성물 및 초우라늄 물질은 고준위방사성 물질로서 안전한 유리고화체로 만든 뒤 40~50년간 지상저장 후 심지층(깊은 땅속)에 처분시킨다.

---

26 북한 영변의 재처리시설도 퓨렉스공정에 근거하고 있다.

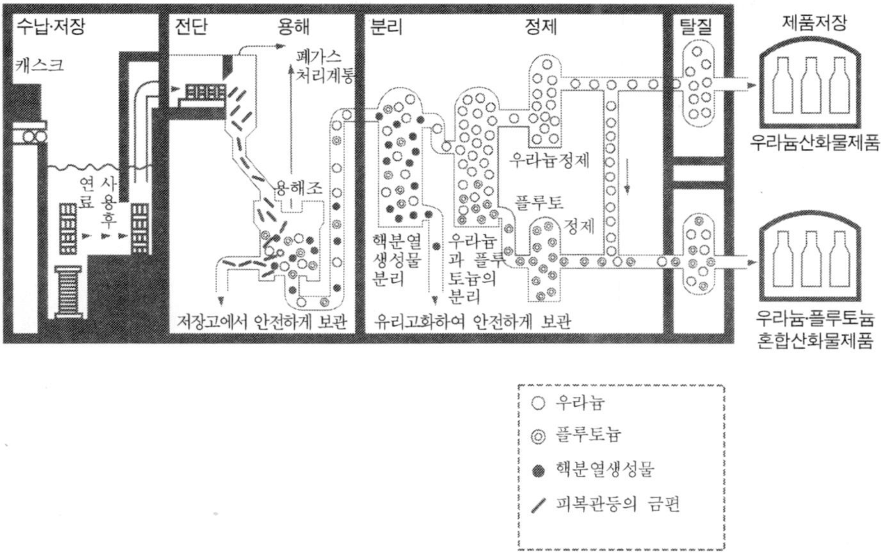

퓨렉스 공정에 의한 재 처리공정 개요[27]

---

27 원자력지식정보관문국에서 인용.

핵무기의 등장과 사용, 그리고 종류

핵무기의 탄생

1930년대 들어 중성자에 의한 원자핵분열반응이 연쇄적으로 발생하면 막대한 에너지가 방출될 것이라는 가설이 세워져 있었다. 이는 아인슈타인의 유명한 식 $E=MC^2$(여기서, E: 에너지, M: 질량, C: 빛의 속력)에 따라 핵분열 반응 전후의 핵물질의 질량차이가 에너지로 발생한다는 것을 의미한다.

1939년에 우라늄의 핵분열연쇄반응이 실험으로 검증되자, 원자로에 대한 개발이 시작되었고, 같은 해 제2차 세계대전이 발발하자, 핵분열 반응으로 방출되는 막대한 에너지를 무기로 이용하려는 원자폭탄의 가능성이 거론되기 시작했다. 그 당시 원폭계획을 국가적 차원에서 조직적으로 추진한 나라가 미국이었는데, 1939년 8월 당시 미국 프린스턴대 교수였던 아인슈타인 등이 히틀러의 핵무기 개발에 따른 위험성을 우려하는 편지를 루즈벨트 대통령에게 보낸 것이 계기가 되어, 핵무기 개발을 위한 맨해튼 계획이 시작되었다고 한다.

1942년부터 본격적으로 추진된 맨해튼 계획은 우라늄 농축공장, 플루토늄 생산용 원자로 등 관련 시설들을 건설하고, 오펜하이머 박사가 이끄는 로스알라모스국립연구소로 미국 전역의 유수한 과학자들을 모으는 등 미국 정부가 군부, 산업, 학계를 동원해 총력을 기울여 진행한 국가프로젝트였다. 그 결과 완성된 원자폭탄 3기(2기의 플루토늄 핵무기와 1기의 고농축 우라늄 핵무기) 중 1기는 1945년 7월 16일 뉴멕시코주 알라모골드Alamogold 사막에서 인류 최초의 핵실험에 사용되었고,[28] 나머지 2기는 같은 해 8월 6일 히로시마와 8월 9일 나가사키에 각각 투하되었다.

아인슈타인의 편지

1939년 8월 2일 아인슈타인이 루즈벨트 미국 대통령에게 보낸 편지는 세계사의 중대한 분수령으로 일컬어진다. 1939년 2월에 우라늄 핵분열 반응이 발견되면서 일부 과학자들은 핵폭탄 제조 가능성에 주목했는데, 그 가운데 한사람이 바로 아인슈타인과 함께 루즈벨트에게 편지를 보낸 물리학자 레오 찔라드Leo Szilard였다. 그는 미국보다 독일이 먼저 핵폭탄을 만들 가능성을

28 트리니티실험으로 알려진 인류 최초의 핵실험의 폭발 위력은 20 kt TNT, 즉 TNT 20,000 t 폭발력에 상당하였다. 참고로 히로시마에 떨어진 핵폭탄은 15 kt TNT, 나가사키에 투하된 핵폭탄은 21 kt TNT의 위력을 보였다.

우려해 아인슈타인과 이 문제를 상의했고, 이 자리에는 루즈벨트 대통령과 친분이 있었던 경제학자 알렉산더 삭스Alexander Sachs도 참여했다. 핵폭탄 제조 가능성에 주목한 삭스는 아인슈타인을 설득해 루즈벨트에게 편지를 쓰게 했다. 평화주의자였던 아인슈타인은 고민에 빠지게 되었고, 나치 독일이 먼저 핵폭탄을 개발할 가능성을 우려해 결국 편지를 쓰게 된 것이다.

그러나 일반적으로 알려진 것과는 달리 아인슈타인의 편지는 루즈벨트에게 신속하게 전달되지도 않았고, 즉각적으로 핵개발을 추진하는 데에도 큰 영향을 미치지는 못했던 것으로 보인다. 아인슈타인이 편지를 보낸 날짜는 8월 2일이었으나, 삭스가 루즈벨트를 만나 아인슈타인의 편지 내용을 전달한 것은 10월 11일이었다. 그리고 루즈벨트는 아인슈타인과 찔라드가 제안한 "우라늄 위원회"에 단지 6천달러의 예산만 투입했다. 그러자 아인슈타인은 1940년 3월 7일과 4월 25일에도 루즈벨트에게 편지를 보내 상황의 심각성을 주지시키려고 했다. 어쨌든 미국의 핵무기 개발이 본격화된 시점은 나치 독일이 유럽에서 승승장구하고 일본이 태평양전쟁을 일으킨 1941~2년이었다. 아인슈타인이 루즈벨트에게 보낸 첫 번째 편지 전문은 아래와 같다.[29]

루즈벨트 대통령 각하,

최근 훼르미E. Fermi와 스질라드L. Szilard가 저와의 통신을 통해 연구한 바에 따르면, 가까운 미래에 우라늄을 이용한 새로운 에너지 개발이 가능하다는 것을 알게 되었습니다. 이러한 상황은 당신의 주목과 필요하다면 즉각적인 행동을 요구하는 것으로 보입니다. 저는 당신이 아래와 같은 사실과 권고에

29 편지 원문은 http://hypertextbook.com/eworld/einstein.shtml 에서 볼 수 있다.

주목할 것을 간곡히 당부드립니다.

지난 4개월 동안 미국의 훼르미와 스질라드, 그리고 독일의 졸리어트Joilot의 연구 성과에 따르면, 많은 양의 우라늄으로 핵분열 연쇄반응을 만드는 것이 가능해 보입니다. 이 연쇄반응은 엄청난 에너지와 대량의 새로운 원소를 만들어냅니다. 이는 확실히 가까운 미래에 가능한 일입니다.

이러한 새로운 과학적 발견은 엄청나게 강력한 새로운 유형의 폭탄 제조로도 이어질 수 있습니다. 이 폭탄은 단 한발만 보트나 항구에서 터트리면, 항구 전체와 주변 지역을 파괴할 수 있을 것입니다. 그러나 이러한 폭탄은 너무 무거워서 항공기로는 운반이 어려울 것 같습니다.

미국은 우라늄 광산이 많지 않습니다. 캐나다와 체코슬로바키아에는 좋은 우라늄 광산이 있습니다. 반면 벨기에령 콩고에는 최상의 우라늄 광산이 있습니다.

이러한 점을 고려할 때, 대통령께서 행정부와 핵분열 연쇄반응을 연구하는 물리학자들이 계속 접촉하게 하는 것이 바람직하다고 생각합니다. 한 가지 가능한 방법은 당신이 신임하는 사람에게 비밀리에 이 일을 맡기는 것입니다. 그 사람의 임무는 다음과 같습니다.

1) 정부 부처에게 진전되는 상황을 알리고 적절한 정부의 대응책을 권고하며 미국이 우라늄 광산을 확보하는 문제에 특히 주의를 기울이게 한다.
2) 예산을 지원하고 연구 시설을 갖춘 산업체와의 협력을 촉진시켜, 현재 대학교 연구소 예산 수준으로 한정되어 있는 연구실험 활동을 독려한다.

독일은 최근 점령한 체코슬로바키야에서 우라늄 광석을 판매하는 것을 중단시켰습니다. 독일이 그런 행동을 취했다는 것은 중대한 의미를 갖습니다.

독일의 국무부 차관 아들인 폰 바이츠자커가 미국이 현재 우라늄에 대해 연구하고 있는 것과 비슷한 연구를 수행하고 있는 베를린 소재 카이저-빌헬름 연구소에 배속되었기 때문입니다.

1939년 8월 2일 아인슈타인 드림

원자폭탄의 사용

| 리틀보이Little boy: 히로시마 핵무기

인류 역사상 처음으로 실전에 사용된 핵무기 '리틀보이'는 미군의 B-29 전폭기로 운송되어 1945년 8월 6일 일본 히로시마에 투하되었다. 64kg의 고농축 우라늄[30]을 포함한 총류형gun-type 기폭 장치explosive device의 리틀보이는 길이 3.0m, 최대직경 0.7m, 무게 약 4t의 대형 폭탄으로 폭발력은 약 15kt TNT였다.[31]

리틀보이[32]

리틀보이 같은 고농축 우라늄 핵무기는 플루토늄 핵무기에 비해 핵무기 1기 제조에 필요한 핵물질의 양은 10배 정도 많지만, 플루토늄과 달리 핵폭탄의 성능을 현저히 떨어뜨리는 즉

30 64kg 고농축 우라늄 중 50kg은 89% 농축도, 14kg은 50% 농축도였다고 한다.
31 리틀보이의 폭발에 의한 사망자수는 약 12만명, 부상자는 약 8만명으로 알려지고 있다.
32 The Free Encyclopedia에서 인용.

발중성자 발생율이 적어서 제조가 간단한 총류형 기폭 장치를 사용할 수 있고, 사전에 핵실험으로 검증할 필요 없이 실전에 그대로 사용가능한 장점을 지닌다.

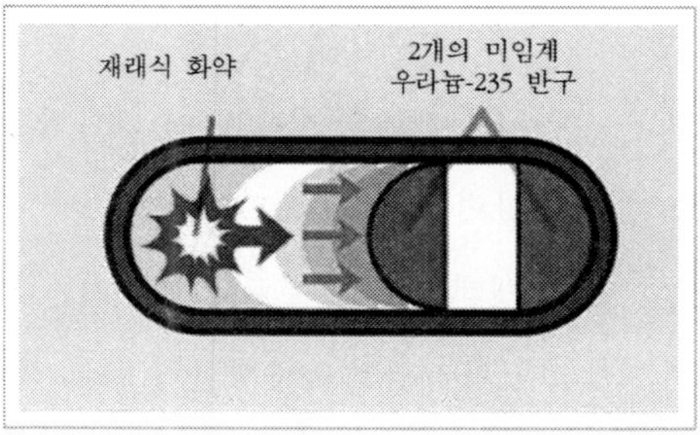

총류형 기폭 장치 작동원리[33]

총류형 기폭 장치의 작동원리는 다음과 같다. 고농축 우라늄을 임계량이 안 되게 2개의 반구sub-critical pieces of uranium-235로 나누어 관의 양쪽에 둔 뒤, 재래식 화약conventional chemical explosive을 사용하여 한쪽 반구를 다른 쪽 반구에 합체시킴으로써 초임계량이 되는 순간 중성자를 발생시켜 핵분열 연쇄 반응을 점화시켜 핵폭발을 일으킨다.[34] 제조가 간단한 총류형 기폭 장치는 테러집단 수준에서도 제조 가능할 것으로 예상되므로 테러집단에 의한 고농축 우라늄 획득방지가 최근 세계적인 우려사안으로 대두하고 있다.

| 팻맨Fat man: 나가사키 핵무기

리틀보이에 이어 3일 뒤인 1945년 8월 9일 플루토늄 핵무기인 팻맨이 일본 나가사키에 투하되었다. 6.2kg의 플루토늄을 포함한 내폭형implosion-type 기폭

---

33 The Free Encyclopedia에서 인용.

34 중성자 발생은 다음과 같이 이루어진다. 폴로니움(Polonium)과 베릴리움(Beryllium)을 포일로 분리하여 농축우라늄 반구 내에 장착한다. 농축우라늄 반구 두 쪽이 합체되는 순간 포일이 부서지면서 폴로니움(Polonium)으로부터 알파입자가 방출된다. 방출된 알파입자는 베릴리움(Beryllium)과 반응하여 중성자를 발생시킨다. 이때 발생한 중성자로 핵분열 연쇄 반응이 시작된다.

장치의 팻맨은 길이 3.3m, 최대직경 1.5m, 무게 약 4.6t의 대형 폭탄으로 폭발력은 약 21kt TNT였다.[35]

팻맨 같은 플루토늄 핵무기는 고농축 우라늄 핵무기에 비해 핵무기 1기 제조에 필요한 핵물질 양은 적지만, 핵폭탄의 성능을 현저히 떨어뜨리는 즉발중성자 발생율이 높아서 총류형 기폭 장치를 사용할 수 없고 내폭형 기폭 장치를 사용해야 한다. 플루토늄의 경우 즉발중성자 발생율이 높아서 충분한 초임계 상태에 도달하기 전에 즉발중성자에 의한 핵분열 연쇄 반응이 시작되어 결과적으로 폭발력이 미약한 조기폭발현상을 일으킬 확률이 높다. 이를 방지하기 위해서는 내폭에 의한 압축파로 플루토늄의 초임계 상태를 일정시간 유지하게 만드는 내폭형 기폭 장치가 필요하다.

내폭형 기폭 장치의 검증을 위해서는 플루토늄과 유사한 물리적 성질의 물질을 장착한 기폭 장치만으로 다수의 고폭실험을 수행하여 기폭 장치의 정상 작동여부를 검증 한 뒤, 실제 플루토늄을 사용한 핵실험으로

팻맨36

35 팻맨의 폭발에 의한 사망자수는 약 7만4천명, 부상자는 약 7만5천명으로 알려지고 있다. 나가사키 핵폭발의 위력이 히로시마의 경우에 비해 더 큼에도 불구하고 핵폭발로 인한 사상자 수가 히로시마에 비해 상대적으로 적은 이유는 히로시마는 평지인데 비해, 나가사키는 산지로 둘러싸인 지형 때문인 것으로 알려져 있다.

36 The Free Encyclopedia에서 인용.

기폭 장치의 성능을 검증한다. 미국은 플루토늄 핵무기의 내폭형 기폭 장치의 검증을 위해 1945년 7월 16일 뉴멕시코주 알라모골드 사막에서 팻맨의 원형인 일명 가젯Gadget으로 인류최초의 핵실험을 수행하였다.

내폭형 기폭 장치의 작동원리는 다음과 같다. 기폭 장치에는 화약에 둘러싸인 구의 중심에 미임계량의 금속플루토늄plutonium core이 장착되어 있다. 주변 화약이 균질하게 터지면 발생한 압축파가 내부로 진행되게 만들어 금속플루토늄을 균질하게 압축시켜 밀도를 증가시키면[37] 플루토늄은 초임계 상태가 되면서 핵분열 연쇄 반응을 점화시켜 핵폭발을 일으킨다.

내폭형 기폭 장치 제조의 어려움은 플루토늄을 일순간에 균질하게 거의 완벽한 구의 상태로 압축시켜야 한다는 데 있다. 압축파에 의한 플루토늄의 압축이 균질하게 이루어지지 않으면 핵폭발은 이루어지지 않고 단순히 플루토늄만 분산되는데, 이 문제는 일련의 압축렌즈high-explosive lenses의 도입으로 해결되었다.

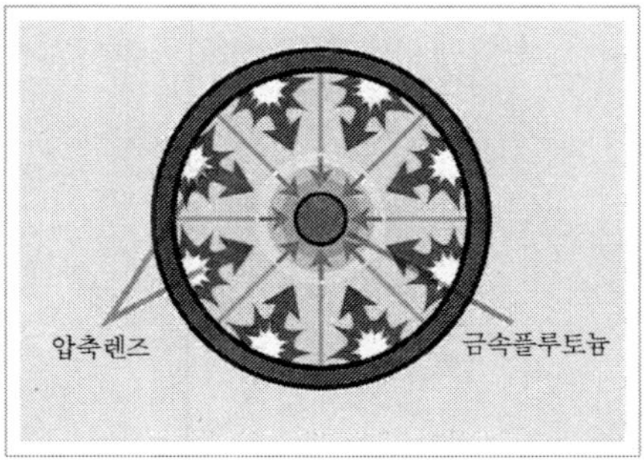

내폭형 기폭 장치 작동원리[38]

내폭형 기폭 장치는 내폭에 의한 압축파가 핵물질의 핵분열 연

37 내폭형 기폭 장치의 압축파에 의해 금속플루토늄의 밀도는 2~3배 정도 증가한다.
38 The Free Encyclopedia에서 인용.

쇄 반응 결과 분산되는 핵물질을 모으는 역할을 하므로 총류형 기폭 장치에 비해 폭발효율이 높고,[39] 플루토늄, 농축우라늄 모두에 사용가능하다.[40]

수소폭탄과 중성자탄

미국과 소련 사이의 핵무기 개발 경쟁이 본격화되면서 원자폭탄의 폭발력을 더욱 높이기 위해 핵융합폭탄 일명 수소폭탄이 개발되었다. 수소폭탄은 뇌관으로 사용하는 원자폭탄의 1차 핵폭발 결과 발생하는 X-선에 의한 초고온 초고압을 이용하여, 수소 동위원소인 중수소 및 삼중수소의 핵융합연쇄반응을 유발하여 원자폭탄보다 폭발력이 훨씬 센 2차 핵폭발을 일으킨다. 1952년 11월 1일 미국은 인류최초의 수소폭탄 실험에 성공하였는데, 폭발력의 규모는 히로시마 핵무기의 약 690배에 해당하는 10,400 kt TNT였다. 구소련 또한 1953년 8월 12일 수소폭탄 실험에 성공하였다.

변형된 수소폭탄의 일종인 중성자탄은 보통의 원자폭탄과 달리 핵폭

39 리틀보이의 경우, 64kg 고농축 우라늄 중 50kg은 89% 우라늄-235, 14kg은 50% 우라늄-235이므로 우라늄-235는 51.5kg였다. 그런데, 핵폭발의 위력은 15kt TNT였으므로, 855g 우라늄-235가 핵분열한 셈이다. 그러므로 57g 우라늄-235 또는 플루토늄 핵분열시 1kt TNT 폭발력을 고려하면, 전체 우라늄-235 중1.7% 우라늄-235만이 핵분열한 것이다. 이에 비해 팻맨의 경우, 6.2kg 플루토늄으로 21kt TNT의 폭발력을 보였으므로 1,197g 플루토늄이 핵분열한 셈이다. 효율로 따지면 전체 플루토늄 중 19.3% 플루토늄이 핵분열한 것이다.

40 1964년 첫 핵실험에 성공한 중국은 고농축 우라늄을 장착한 내폭형 기폭 장치(무게 1.5t)를 사용하였다.

발로 인한 열 폭풍 등의 방출을 줄이고 상대적으로 중성자 방출을 증가시킨 핵무기이다. 폭발력은 통상 원자폭탄의 1/10 정도이고, 건물 등에 대한 피해를 줄이고 인간 등 생물체에 대한 피해를 증가시키기 위해 고안되었다. 그런데, 중성자는 일정 깊이의 물 또는 물을 많이 포함하는 콘크리트 등에 차폐되므로 중성자탄은 이러한 차폐물에 둘러싸인 지하시설에 대한 공격능력은 떨어진다. 중성자탄의 본래 의도는 원자폭탄의 폭발에 견디는 장갑에 둘러싸인 군인들을 즉각적으로 살상하기 위함인데, 중성자탄의 핵폭발로 군인들을 즉각적으로 죽이거나 활동력을 떨어뜨리는 데는 효율적이지 못한 것으로 판명되었다.

열화우라늄탄과 더티밤

열화우라늄이란 우라늄 농축 과정에서 천연우라늄(0.7% 우라늄-235 농축도)의 농축 후 남은 찌꺼기 우라늄(약 0.3% 우라늄-235 농축도 이하)을 지칭한다. 밀도가 납의 두 배로 높은 열화우라늄금속은 탱크 등의 장갑을 투과하는 능력이 뛰어나 장갑관통재로 널리 이용되고 있다.

일부 환경론자들은 열화우라늄을 방사능 물질로 오해하는 경우가 있으나, 열화우라늄의 방사능은 극히 미약하여 인체에의 방사능 피해는 크게 예상되지 않는다.[41] 단, 열화우라늄탄이 탱크의 장갑을 투과할

41 저명한 관련 학술연구에 의하면, 1991년 걸프전 당시 사용된 수백 톤 열화우라늄탄으로 인한 방사능피해는 최대 10명 정도가 평생 동안에 암에 걸려 죽을 확률이라고 결론내리고 있다.

때 부분적으로 기화하므로 주변 사람이 기체화된 열화우라늄을 흡입함으로써 중금속 오염 가능성에 따른 피해가 예상된다.

더티밤dirty bomb은 재래식 폭탄에 방사상물질을 장착한 방사능무기를 뜻한다. 더티밤은 핵폭발이 아니라 재래식 폭탄의 폭발에 의해 방사성 물질을 주위에 살포시킴으로써 직접적인 살상이나 파괴보다는 방사능 오염이나 사회적 혼란을 일으킬 목적의 무기이다. 살포되는 방사성 물질의 종류에 따라 수년에서 수백 년의 기간 동안 살포된 주변 지역을 방사능으로 오염시키며, 피해 정도는 살포된 방사능의 종류와 양에 따른다.[43] 더티밤은 테러집단이 사회혼란을 목적으로 사용가능한 무기로 국제적인 규제대상이다.

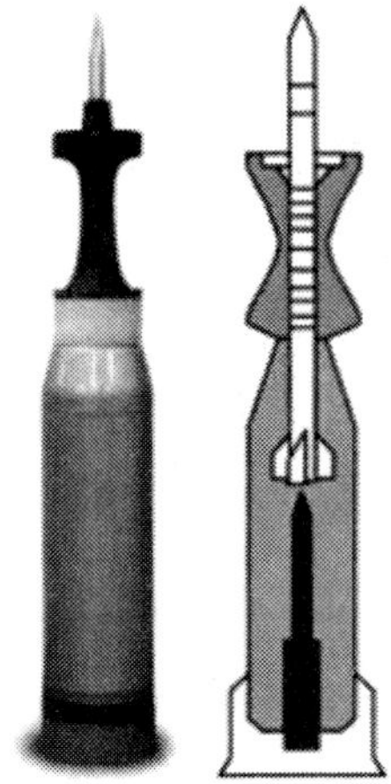
M829E3 포탄과 속 구조[42]

핵실험

앞서 설명한 대로 즉발중성자 발생이 거의 없어 조기폭발의 가능성이 없는 총류형 기폭 장치를 이용할 수 있는 고농축 우라늄 핵무기의

42 The Free Encyclopedia에서 인용, 포탄 앞부분의 탄심이 열화우라늄금속이다.
43 세슘-137, 코발트-60 등이 더티밤에 사용가능한 대표적인 우려 방사능물질이다.

경우, 핵실험이 필요 없다. 그러나 플루토늄 핵무기의 경우, 플루토늄 자체에서 발생하는 즉발중성자가 많아서 기폭 장치가 플루토늄의 초임계상태를 충분히 유지시키기 전에 핵분열 연쇄 반응을 조기에 일으켜 폭발하는 조기폭발 확률이 높다. 이에 따라 내폭형 기폭 장치의 성능을 보장하기 위해서 사전에 플루토늄을 사용하지 않는 많은 회수의 실험(고폭실험이라 함)을 거치고, 최종적으로 성능이 검증된 기폭 장치를 이용한 핵무기의 성능을 확인하기 위해 실제 플루토늄을 사용한 핵실험을 수행하는 것이다.[44]

지하핵실험의 진위여부는 핵폭발 결과 발생하는 지진파에 더하여 핵실험장에서 누설되어 나오는 기체성 핵분열 생성 물질의 검출로 파악한다. 핵물질의 핵분열반응으로 생성되는 기체성 핵분열 생성 물질 중에서 반감기가 수일 이내로 짧은 제논-131m, 제논-133, 제논-133m, 제논-135가 지하핵 실험의 징표로 잘 알려져 있다.[45] 반면, 핵분열 반응으로 생성되는 또 다른 기체성 핵분열 생성 물질인 크립톤-85의 경우는 핵 실험장으로부터 수십 km 이상 멀리 떨어진 곳에서 측정할 경우, 측정치가 대기 중의 평균 농도에 가려서 구분하기 어려우므로 크립톤-85는 지하핵실험의 징표로 이용하기 어렵다.

44 정상 작동하는 내폭형 기폭 장치만 있으면 사전에 핵실험을 수행하지 않더라도 일정량(약 5~6kg)의 플루토늄을 사용할 경우 최소한 1 kt TNT 전후의 폭발력으로 반드시 핵폭발을 한다는 것이 알려져 있다. 그 동안 내폭형 기폭 장치로 핵실험을 수행한 국가들 모두 핵폭발력의 세기에 있어서 정도는 차이는 있었지만 실패한 국가가 하나도 없었다는 사실이 이를 뒷받침한다.

45 제논-131m의 반감기는 11.9일, 제논-133은 5.2일, 제논-133m은 2.2일, 제논-135는 9.1시간이다.

핵폭발력의 크기는 핵실험장 주변의 지질구조 및 핵폭발에 따른 지진파의 강도로 파악할 수 있는데, 한 예로 단단한 지질구조에서의 지하핵실험 시 핵폭발력은 지진강도에 근거한 다음 식으로부터 추정 가능하다.

$$Mb = 4.262 + 0.973 \log Y$$

여기서, Mb: 리히터 단위, Y: 핵폭발력

예를 들어, 핵실험에 의한 지진강도가 리히터 단위로 4.2로 측정되었다면 핵폭발력은 약 0.9kt TNT에 상당한다.[46]

---

46 미국의 지질조사국은 2006년 10월 9일 북한의 핵실험 결과 지진강도를 리히터 4.2로 결론지었다.

핵폭발 영향

재래식 무기에 비해 단위질량 당 수백만 배 이상의 에너지를 방출하는 핵무기의 폭발은 주변 환경에 물리적, 생물학적으로 심대한 타격을 가한다. 일반적인 핵폭발은 에너지의 약 50%를 폭풍으로, 약 35%를 섬광에 의한 열선으로, 약 5%를 즉각적인 1차 방사선으로, 약 10%를 핵분열 생성 물질, 즉 방사성낙진에 의한 2차 방사선으로 방출한다.

출처_네이버 백과사전

히로시마에 투하된 리틀보이의 버섯구름[47]

47 The Free Encyclopedia에서 인용.

핵폭발로 인한 타격의 정도는 사용된 핵무기의 특성, 핵폭발 지역의 지리적 특성 및 물리적 환경상태, 날씨, 핵폭발 지점으로부터의 거리 등에 좌우되는데, 인구가 밀집된 도심지역에서의 핵폭발은 심대한 타격을 미친다. 핵폭발 지점은 섭씨 약 3억 도의 초고온으로 인해 순식간에 증발하고, 주변 지역은 주로 열선에 의한 피해가 크며, 핵폭발로 인한 폭풍에 의해 부서진 건물들의 잔해가 날라 다님으로써 물리적인 피해를 입히고, 치명적인 방사선의 피해가 따른다.

건물 등 시설에의 영향

핵폭발의 피해를 좀 더 구체적으로 설명하면 다음과 같다. 핵폭발 순간 폭파점의 기압은 수십만 기압에 이르러 폭풍을 발생시킨다. 폭풍의 풍속은 초속 약 440m로 음속(349m/초)을 넘어선 초음속 폭풍으로 전면에 충격파를 수반하여 주변 건축물을 파괴한다. 핵폭풍은 A급 태풍의 중심 속도의 10배 정도이고, 폭풍의 에너지는 풍속의 3승에 비례하므로 핵폭풍의 위력은 A급 태풍 위력의 1,000배 정도에 해당한다.

핵폭발 결과 발생하는 화구의 표면온도는 수천 도에 달한다. 즉, 핵폭발 지점에 태양이 나타난 것에 상당한다. 방출되는 열선은 적외선으로 폭발 후 짧은 시간 내(약 3초간) 대량으로 방출되므로 열이 확산되지 않아서 쬐인 면이 순식간에 고온이 되어 폭발지점 주변의 지표는 섭씨 3천~4천도에 달하게 된다.

핵폭발 결과 대량의 알파선, 베타선, 감마선 및 중성자가 방출되며, 주변지표에는 투과력이 강한 감마선과 중성자가 대량으로 도달한다. 이 가운데, 중성자는 주변 지표 및 건축물을 방사화시켜 유도 방사능물질을 생성시킨다. 핵폭발로 인한 피해 예로 핵폭발 후 히로시마의 모습과 핵폭발 전후의 나가사키 모습을 아래에 실었다.

핵폭발 후 히로시마[48]

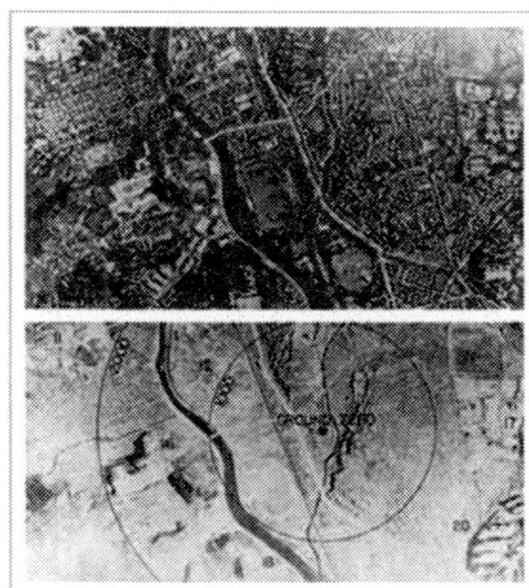

핵폭발 전후 나가사키[49]

48 The Free Encyclopedia에서 인용.

49 The Free Encyclopedia에서 인용.

인체에의 영향

히로시마와 나가사키의 핵폭발이 인체에 미친 피해는 폭풍, 열선, 방사선 등에 의한 단기간(수개월 이내)에 걸친 직접적인 인명 피해 이외에도, 장기간에 걸쳐 피폭자가 백혈병 또는 암 등으로 죽어가거나, 피폭자의 태내에 있던 2세대가 신체적, 정신적 장애를 가지고 태어나는 등 피폭자의 2세대에까지 악영향을 미쳤다. 참고로 히로시마와 나가사키에서 핵폭발 지점으로부터의 거리에 따른 핵폭발로 인한 단기간(약 2~3개월) 내 인명 피해 실태는 아래와 같다.

핵폭발 지점으로부터의 거리에 따른 핵폭발로 인한 2~3개월 내 인명 피해[50]

핵폭발지점으로부터 거리	인구	사망자(%)	부상자(%)
히로시마			
0~1.0km	31,200	86	10
1~2.5km	144,800	27	37
2.5~5.0km	80,300	2	25
합계	256,300	27	30
나가사키			
0~1.0km	30,900	88	6
1~2.5km	27,700	34	29
2.5~5.0km	115,200	11	10
합계	173,800	22	12

50 Dietrich Schroeer에서 인용.

한국의 핵무장 능력

지난 1970년대 박정희 정권은 미국의 주한미군 감축 및 철수 계획에 반발하면서, 비밀리에 핵무기 개발 능력을 확보하고자 노력하였다. 핵물질을 획득하기 위한 수단으로 캐나다로부터 NRX형 연구용 원자로를, 프랑스로부터 재처리 시설을 도입하려 하였다. 이러한 박 정권의 시도는 미국의 개입으로 중지되었지만, 이후 국제사회는 한국을 핵무기 개발 시도국가로 오랫동안 인식하게 되었다. 이와 관련한 소설 "무궁화 꽃이 피었습니다"의 영향 등으로 미국이 막지 않았다면 우리나라도 핵무기를 만들었을 것으로 생각하고 있는 사람들이 많은 것 같다. 더군다나 지난 2004년 9월 국내외적으로 큰 파문을 일으킨 바 있는 한국원자력연구소의 일련의 과거 핵물질 실험 국제원자력기구IAEA 미신고사건은 국제적으로는 한국 정부의 비밀 핵무기 프로그램 의혹을 불러일으켰지만, 국내적으로는 핵주권에 대한 논의를 야기하면서 우리나라의 핵무장에 대한 막연한 동경을 드러내는 계기가 되기도 했다.

그러면 현재 20기의 원자력발전소(이하 원전)를 가동 중이고, 향후 2016년까지 8기의 원전을 추가 도입할 예정인 우리나라의 원자력 수준을 고려할 때, 우리나라가 핵주권 운운할 정도의 핵무기 개발 능력을 확보하고 있는 것일까? 결론부터 말하면 No!이다. 현재의 국내 원자력 연구개발 상황을 핵무기개발과 연계시키기에는 기술적 괴리가 크다고 볼 수밖에 없다.

앞에서 설명했지만, 핵물질인 고농축 우라늄을 생산하려면 원심분리기 등 우라늄농축 시설이, 플루토늄을 생산하려면 사용 후 핵연료를 재처리할 재처리 시설이 필요하다. 우리나라의 경우, 우라늄농축 시설이 없으며 현재 16기의 경수로 원전에 필요한 저농축우라늄을 위한 천연우라늄 및 농축서비스를 100% 외국으로부터의 수입에 의존하고 있다. 핵비확산조약NPT 회원국에 대한 평화적 핵활동의 자유가 보장되어 있음에도 불구하고 핵물질의 확산을 우려하는 국제사회의 규제강화로 우리나라가 우라늄농축 시설을 건설하거나 도입하는 것이 자유롭지 못한 것이 현실이다. 마찬가지 이유로 우리나라는 재처리 시설도 없다.[51]

---

51 지금까지 국내 원전에서 방출되어온 사용후 핵연료는 대부분 습식 저장조에, 일부는 건식 저장조에 저장보관 되어왔다. 고준위 방사성 폐기물인 사용후 핵연료는 어떤 식으로든 환경에 나쁜 영향을 주지 않게끔 격리 처분되어야 하는데, 이제까지의 국내 사용후 핵연료 정책은 장기보관 후 고준위 폐기물 처분장에 심지층 처분하는 것이 기본 방향이었다. 그런데, 원자력의 부흥과 재처리를 선호하는 부시 정부가 2006년 2월 재처리를 지향하는 국제원자력파트너쉽

한국은 1992년 한반도 비핵화선언에 의해 우라늄 농축 시설 및 재처리 시설을 만들지 않기로 하였다. 또한 국내 원자력 연구개발 활동의 거의 대부분을 한미원자력협력협정에 근거한 미국의 사전동의권에 의존하는 국내 현실을 고려할 때, 우리나라가 자율적으로 우라늄 농축 및 재처리 활동을 하기는 극히 어렵다. 재처리의 경우, 한미원자력협력협정에 따라 국제법적으로 국내 경수로의 거의 대부분인 미국산 경수로에서 태운 사용후 핵연료를 형질 변경 등을 가하려고 할 경우, 미국의 사전동의권이 필요하므로 한국 정부 임의로 재처리를 할 수 없다. 울진의 경수로 1, 2호기는 프랑스에서 도입하였지만 여기서 태운 사용후 핵연료 또한 마찬가지이다. 우라늄농축시설은 한미원자력협력협정에 의한 미국의 간섭을 받을 법적의무는 없지만, 핵확산 우려 때문에 자체 개발은 거의 불가능한 상황이다.

그렇지만 상기의 모든 제약을 무시하고 한국이 자체적으로 재처리 시설 및 우라늄농축 시설을 만들려고 시도한다면, 다음과 같은 해석이 가능할 것이다. 재처리 시설의 경우, 핵무기 1기 분량인 플루토늄 5~6kg을 추출하기 위해서는 경수로 사용후 핵연료 집합체 하나(500kg 정도)면 충분하므로 콘크리트 및 납으로 만들어진 핫셀 실험실 정도의 시설이면 충분할 것이다. 핫셀 실험실 정도는 2~3개월이면 건설 가능하고, 경수로

(GNEP) 정책을 발표하여, 미국의 지난 30년간의 사용후 핵연료 직접처분 정책 방향을 전환하려하고 있다. 이에 부응하는 듯, 최근 국내 원자력계에서도 재처리에 대해 새로운 관심을 표명하고, 퓨렉스 방식의 기존의 습식재처리 방식이 아닌 핵비확산성 건식재처리 방식에 대한 연구개발에 힘을 기울이기 시작하고 있다.

사용후 핵연료 집합체 하나를 재처리하는 데 수주밖에 걸리지 않을 것으로 예상되므로, 핵무기 2-3기 분량인 플루토늄을 추출하는 데 반년 정도 걸리게 된다.

반면, 우라늄 농축의 경우 농축을 위한 원심분리기 제조에 있어서 한국은 기술 및 재료 확보 차원에서 유리한 점은 있지만, 원심분리기 제조의 기술적 노하우가 제한된 상황에서 자력으로 성공하기 위해서는 몇 년의 기간은 족히 걸릴 것이다.

이와 같은 기술적 능력 확보 여부와 무관하게 만약 한국이 국제적 제약을 무시하고 자체적으로 재처리 시설 및 우라늄농축 시설을 만들려고 시도한다면, 핵무기를 만들기 전에 IAEA의 사찰에 발각되어 UN 안보리에 회부되는 곤란한 상황에 직면할 것이다. 따라서 이러한 모든 사항을 고려할 때, 한국의 핵무장 능력은 당분간 소설 속에서나 가능한 얘깃거리일 수밖에 없다.

핵무기 없는 세상을 향하여

핵무기, 필요악인가 절대악인가

미국 거물들의 합창 "핵무기 없는 세계를 만들자"

2007년 들어 미국의 저명한 인사들이 '핵무기 없는 세상'을 촉구하고 나서 큰 반향을 일으키고 있다. 미국 외교의 상징적 인물들인 조지 슐츠와 헨리 키신저 전 국무장관, 클린턴 행정부 때 국방장관과 대북정책 조정관을 지낸 윌리엄 페리, 상원의원 재직 시 핵군축 활동에 가장 적극적이었던 샘 넌은 2007년 1월 월스트리트저널 기고문을 통해 인류 사회는 "핵의 전환점nuclear tipping point"에 서 있다며, 핵무기 공포가 다시금 커지고 있는 오늘날이야말로 핵무기 없는 세상을 만들 수 있는 역사적 기회라고 강조했다.[52]

52 George P. Shltz, William J. Perry, Henry A. Kissinger and Sam Sunn, "A World Free of Nuclear Weapons", *The Wall Street Journal*, January 4, 2007.

이들은 "냉전 시대에는 핵무기가 억제력으로서의 기능"을 했지만, 냉전이 해체된 이후 상호확증파괴MAD에 기초한 핵전략은 더 이상 필요없다고 주장했다. 오히려 미국 등 핵보유국들이 자신의 핵무기는 폐기하지 않고 핵무기에 안보를 의존하는 관성을 버리지 못하면, 비핵국가들의 핵무기 개발 욕구를 자극하고 테러집단이 핵무기를 손에 넣을 가능성만 높인다며 미국이 '핵무기 없는 세상'에 주도적으로 나설 것을 촉구했다.

이를 위해 구체적인 조치로 ▲세계의 지도자들이 모여 '핵무기 없는 세계'를 향한 비전 선포 ▲'경보 즉시 발사 체제' 등 냉전형 핵전쟁 태세의 전면 수정 ▲전진 배치되어 있는 단거리 핵미사일 폐기 ▲미국 상원의 포괄핵실험금지조약CTBT 조속한 비준 ▲무기급 플루토늄과 고농축 우라늄에 대한 전지구적 통제 및 관리 체제 구축 ▲핵분열 물질 생산 중단 ▲북한, 이란 등 핵개발 국가들과의 조속한 문제 해결 등을 제안했다.

미국의 전직 고위 관료들이 주축이 되어 제창한 '핵무기 없는 세계' 비전은 이후 큰 반향을 일으켰다. 냉전 종식과 핵군축의 주역인 미하엘 고르바쵸프는 "핵무기가 안보를 달성하는 데 더 이상 유용한 수단이 아니라는 것이 더욱 분명해졌다"며 이 제안에 공개적으로 지지 입장을 밝혔다. 영국의 외무장관인 마가렛 벡켓 역시 "우리에게 필요한 것은 핵무기 없는 세계를 향한 비전과 이를 가능케 하는 실천"이라며, 영국 정부는 전세계적인 핵무기 폐기에 협력할 의사가 있다고 표명했다. 영화 '터미네이터'로 유명해진 아놀드 슈월츠제네거 캘리포니아 주지사는 "모든 분야에서 인간은 실수를 한다. 왜 핵무기만 예외일 수 있겠느냐" 며 지지 입장을 보탰다.

또한 클린턴 행정부 때 국무장관을 지낸 매들린 올브라이트, 아버지 부시 행정부 때 국무장관을 지낸 제임스 베이커, 전 국가안전보장회의 NSC 보좌관인 즈비그뉴 브레진스키와 사무엘 버거, 베트남 전쟁 당시 미국 국방장관이었던 로버트 맥나마라 등 미국 외교안보분야의 거물들이 잇따라 지지 입장을 밝히고, 이 캠페인에 참여했다. 그리고 이들을 포함한 수십명의 인사들은 공동 명의로 2008년 1월에도 월스트리트저널에 기고문을 보냈다. 내용은 2007년 기고문과 흡사했지만, 세계 핵무기의 95%를 보유한 미국과 러시아가 보다 적극적으로 핵군축에 나서야 한다는 점을 강조했다. 특히 미소 냉전이 해체된 지 20년이 지나고 있음에도 불구하고 양국이 '경보 즉시 발사' 시스템을 유지하는 것은 기계에 의한 오작동이나 인간의 실수에 의한 핵전쟁을 일으킬 수 있다며, 미러 양국은 하루빨리 이러한 경계태세를 해제하거나 완화해야 한다고 강조했다.[53]

이들의 주장 가운데 일부, 특히 미러 양국이 공동의 미사일방어체제MD를 구축해야 한다는 내용은 많은 논란이 있지만, 수십년간 미국의 핵정책을 다뤄왔고 옹호했던 인사들이 '핵무기 없는 세계'를 만들자고 적극 나선 것은 주목할 만한 현상이다. 그러나 이 비전에 대한 비판론자들은

---

53 George P. Shultz and Others, "Toward a Nuclear-Free World", *The Wall Street Journal,* January 15, 2008.

핵무기의 유용성은 여전히 존재하며 '핵무기 없는 세계'는 그저 희망적 사고wishful thinking에 불과하다고 비판한다. 그러나 "진정한 착각은 미국이 계속 핵무기를 갖고 있으면서 다른 나라들이 핵무기 통제와 핵비확산 체제 강화에 참여할 것이라고 기대하는 것"에 있다.[54]

그렇다면, 핵정책을 비롯해 미국의 외교안보정책을 쥐락펴락 했던 거물들이 '핵무기 없는 세계'를 촉구하고 나선 이유는 무엇일까?

핵무기가 '금기의 무기'가 된 이유

무기 개발의 역사를 돌아보면, 인간은 자신이 만든 무기를 사용하는 경향이 있다. 이와 동시에 기존의 무기보다 더 강력한 무기를 만들기 전에는 그 무기를 포기하려고 하지도 않는다. 이러한 전통은 핵무기와 관련해서 몇 가지 중요한 문제를 제기한다.

1945년 8월 일본에 핵폭탄이 투하된 이후 60년이 넘게 핵전쟁을 막을 수 있었던 이유는 무엇인가? 이와 관련해 상식화된 설명은 이른바 '공포의 균형'이다. 역설적이지만, 모두가 죽을 수 있는 무기를 보유함으로써 모두가 죽는 상황을 막을 수 있었다는 것이다. 그러나 일본 피폭 이후, 핵전쟁은 핵보유국 사이에서만 일어나지 않은 것이 아니라 핵보유국과 비핵국가 사이에서도 일어나지 않았다. 왜 미국은 한국전쟁과

54 Daryl G. Kimball, "Getting Real About Nuclear Disarmament", *Arms Control Today*, April 2008.

베트남전쟁에서 핵무기를 사용하지 않았을까? 왜 소련은 아프가니스탄에서 핵무기를 사용하지 않았나? 두 나라 모두 당시 수만개의 핵무기를 갖고 있었고, 베트남과 아프가니스탄이 핵무기를 갖고 있지 않았으나 미국과 소련이 패배의 길을 걷고 있었음에도 불구하고 말이다. 이는 핵전쟁의 부재가 단순히 '공포의 균형'이 아니라 그 이상의 설명이 필요하다는 것을 의미한다.

이는 '왜 핵무기는 다른 무기들과 달리 '금기의 무기'라는 인식을 가져왔는가'라는 질문과 연결되어 있다.[55] 핵무기 사용이 '금기시'됨으로써 핵보유국들은 비핵국가에 대해 핵무기 사용이 어려워진 것이다. 또 한가지 질문은 '핵무기보다 더 강력한 무기가 출현하기 전까지 핵무기는 지구상에 계속 존재할 수밖에 없는가'라는 것이다. 핵무기에 대한 금기가 인류 전멸을 가져올 수 있다는 위기 의식과 민간인과 전투원을 구분하지 않는 무차별적인 대량살상을 가져온다는 도덕률에 기초하고 있다면, 이 두 가지 질문은 이율배반적이지 않을 수 없다.

핵무기에 대한 사람들의 생각이 처음부터 부정적이었던 것은 아니다. 1945년 8월 미국이 히로시마와 나가사키에 핵폭탄을 투하 직후에 실시된 한 여론조사에서 미국 국민의 86%는 핵무기 사용을 지지했다. 여기에는 핵무기에 대한 자각의 부족과 함께(당시 대다수 사람들은 핵무기를 그저 무기의 일종으로 생각했다), 진주만을 공격한 일본에 대한 보복 심리 및

---

55 이에 대해서는 Nina Tannenwald, "Stigmatizing the Bomb: Origins of the Nuclear Taboo", *International Security*(Spring 2005) 참조.

인종적 편견, 그리고 미군 피해자를 최소화해야 한다는 인식이 깔려 있었다. 당시 일부 평화주의자와 종교 지도자, 그리고 과학자들이 핵무기 사용에 반대했으나, 이는 미국 국민들의 압도적인 반일 감정에 묻혀버렸다. 그러나 히로시마와 나가사키에서 엄청난 살상력과 함께 방사능 오염에 따른 피해가 '지속적으로' 나타난 것이 확인되면서, 핵무기에 대한 인식은 조금씩 바뀌기 시작했다.

처음이자 지금까지 마지막으로 핵무기를 사용한 트루먼의 유산은 크게 두 가지이다. 하나는 핵무기 증강 및 사용에서도 알 수 있듯이 핵무기를 미국의 안보전략의 중심축으로 삼았다. 다른 하나는 핵무기 사용 권한을 군부에 위임하지 않고 민간인이 통제할 수 있도록 했다. "우리가 이전에 사용했던 무기를 훨씬 능가하는 파괴력을 가진 핵무기는 일반적인 무기와는 다르게 다뤄져야 한다"는 것이 트루먼의 생각이었다. 이에 따라 트루먼은 핵무기 사용 권한의 위임을 요구한 군부의 요구를 수용하지 않았고, 오히려 1946년에는 원자력위원회Atomic Energy Commission를 창설해, 핵무기 사용 권한을 대통령의 독점적인 권한으로 만들었다. 한국전쟁 당시 핵무기 사용을 요구한 맥아더와 이에 대한 승인을 꺼려한 트루먼 사이의 갈등은 잘 알려져 있기도 하다. 트루먼은 한국전쟁이 한창이었던 1950년 11월 30일 기자회견에서 핵무기 사용 가능성을 암시했으나, 뒤이어 곧 핵무기 사용 계획이 없다고 한발 물러섰고, 핵무기 사용 권한은 대통령의 독점적인 권한이라는 것을 거듭 확인했다.

1950년대 중반까지 미국의 많은 정책결정자들은 핵무기도 여러 무기 가운데 하나가 될 것이라고 생각했다. 재래식 무기와 마찬가지로 실전에서 사용하는 데 큰 무리가 따르지 않을 것이라고 여겼던 것이다. 그러나 시간이 지나면서 핵무기는 대단히 혐오스럽고 위험한 무기로 인식되면서, 절대로 사용되어서는 안 될 뿐더러 궁극적으로는 없어져야 할 '금기의 무기'라는 인식이 확산되었다. 그렇다면 왜 핵무기는 다른 무기와는 구별되는 '특수한 지위'를 갖게 된 것일까? 무차별적인 파괴력에 대한 각성에 기반을 둔 핵보유국 지도자들의 도덕심 덕분일까?

우선 핵무기 사용이 '금기'가 된 배경에는 반핵운동의 성과가 컸다. 미국과 소련 등 핵보유국은 유사시 핵무기 사용을 군사전략의 일환으로 삼으려고 했으나, 국제사회의 여론은 이를 용납하지 않았다. 1949년 10월 히로시마에서는 핵무기 폐기를 촉구하는 최초의 반핵 집회가 열렸다. 또한 1950년에 사회주의 계열의 세계평화위원회World Peace Council의 주도로 핵무기를 금지하는 청원서에 무려 5억명이 서명한 결과가 발표되기도 했다.

미국과 소련은 경쟁적으로 대기권에서 핵실험을 했는데, 1953년 7월에는 동물뼈와 우유에서 암과 기형아를 유발하는 방사능 물질 Strontrium-90이 검출되어 반핵 운동에 기름을 붓는 결과를 초래했다. 무엇보다도 반핵운동이 본격화된 계기는 BRAVO라는 이름을 달고 실시된 1954년 미국의 수소폭탄 실험이었다. 이를 계기로 미국의 저명한 반핵단체인 분별있는 핵정책을 위한 전국위원회National Committee for a Sane Nuclear

Policy와 비폭력행동위원회Committee for Non-Violent Action, 영국의 핵폐기캠페인Campaign for Nuclear Disarmament, 그리고 초국적 단체인 퍼그워시 등 저명한 반핵단체들이 생겨났다.

이들은 대규모 반핵 집회 개최, 신문광고, 시민 불복종 운동 및 핵무기 시설 침투와 핵실험 지역에서의 해상 시위 등 다양한 방법을 통해 반핵 운동을 전개했다. 이러한 운동은 언론을 통해 전세계에 타진되었다. 그러자 핵무기 사용에 대한 미국 여론도 바뀌기 시작했는데, 1950년대 중반에는 선제 핵사용에 대한 반대 여론이 과반수를 넘어서기도 했다.

이러한 반핵운동은 핵무기를 금기의 무기로 만드는 데 크게 세 가지 측면에서 기여했다. 첫째는 핵무기에 대한 정보와 기존의 인식과는 다른 해석을 내놓음으로써 대중들의 계몽에 크게 기여했다. 특히 핵무기의 보건, 의학, 환경상의 문제를 집중적으로 제기함으로써 핵무기는 비인도적인 무기라는 인식을 확산시켰다. 또한 알버트 슈바이쳐 등 저명한 인사들이 반핵 운동을 주도함으로써 대중적인 파급력과 전문성을 크게 높일 수 있었다. 둘째는 핵무기에 대한 도덕성의 문제를 집중적으로 부각시켰다. 이들은 핵무기가 인류 절멸의 무기가 될 수 있다는 점을 포착하고, 이들 무기의 사용을 금지하고 궁극적으로 폐기하는 것은 인류 사회의 도덕률에 해당한다고 강조했다. 셋째는 정부에 대한 압박이다. 핵무기는 인류 전체의 생존과 직결되어 있기 때문에 한 나라의 주권이라고 볼 수 없고 인류 공동의 문제라는 점을 부각시켜, 핵무기에 안보정책을 의존하려는 정부들에 대한 비판과 압력을 증대시켰다. 이러한 반핵운동의 노력은 핵무기 사용에 대한 핵보유국의 부담을 크게 높였고, 각종 핵군축 조약에 나서게 만드는 데 기여했다.

반핵운동과 함께 유엔도 중요한 역할을 했다. 1946년 1월 유엔 총회는 "핵무기와 대량살상을 야기하는 무기들의 폐기"를 촉구하는 결의안을 채택했다. 또한 유엔은 1948년 8월 대량살상 무기에 대한 최초의 개념 정의를 내놓음으로써, 핵무기는 다른 무기와는 다른 위험한 무기라는 인식을 갖는 데 일조했다. 유엔은 WMD를 "핵폭탄, 방사능 무기, 치명적인 화학 및 생물 무기와 이러한 무기에 상응하는 파괴력을 갖게 될 미래의 무기"라고 규정했다. 동시에 유엔원자력위원회를 창설해 원자력의 유일한 목적은 평화적 이용이 되어야 한다고 선언했다. 이후에도 미국 및 NATO 국가들의 반대에도 불구하고 여러 차례에 걸쳐 핵무기 사용 금지 및 핵폐기를 촉구하는 결의안을 채택했다. 1940년대 후반과 50년대 초반까지 소련은 유엔 결의안 채택을 주도했는데, 이는 미국에 비해 핵전력이 뒤쳐졌기 때문이라고 할 수 있다.

핵무기 사용에 대한 부정적인 인식은 무기 사용의 도덕성과도 연결되어 있다. 인류 사회는 유사시 무기를 사용하는 데 구별과 비례의 원칙을 중요하게 간주해왔다. 구별의 원칙이란 전투원과 민간인을 구분해 무기 사용에 따른 피해가 민간인에게까지 미치지 않아야 한다는 것이고, 비례의 원칙은 "파리를 잡는 데 대포를 사용해서는 안 된다"는 말처럼, 군사적 목적 달성 이외의 과도한 피해가 발생해서는 안 된다는 것을 의미한다. 이러한 원칙에 따를 때 파괴력이 엄청나 보호 수단이 없고 민간인과 전투원을 구분하지 않으며 그 피해가 비非 교전 당사자는 물론 미래 세대에까지 미치는 핵무기는 다른 재래식 무기와는 구별되어야 한다는 인식이 자라나게 된 것이다.

핵무기의 도덕성과 합법성

1990년대 전반기, 미국 전략공군사령부와 전략사령부 사령관을 지낸 버틀러Lee Butler 사령관은 1998년 2월 미국 네셔널클럽 연설에서 핵무기에 대해 다음과 같이 말했다. 버틀러는 미국 핵전략의 실질적인 책임자로 일하면서 핵무기의 도덕성과 효율성에 근본적인 의문을 품고 반핵운동가로 변신한 인물이다.

> "모든 증거에도 불구하고 우리는 아직도 핵무기의 효과에 대해 완전히 이해하지 못하고 있다. 실제로 핵무기 사용 결과는 우리의 이성을 무시한다. 시간과 공간을 초월해 지구를 독살하고 지구에 거주하는 사람들을 불구로 만든다. 핵무기는 본질적으로 위험하고 매우 비싸며 군사적으로 효율적이지 못한 무기이다. 우리가 핵무기를 갈등의 중재자로 삼는 것은 끝없는 걱정의 먹구름 아래에서 살라는 것과 마찬가지로 이는 인류사회에 대한 모독이다. 설상가상으로 핵 억제론은 갈등을 해결할 수 있는 다른 선택이 실패할 경우, 인간의 살인 본능을 수용가능한 보루로 삼는 것이다."[56]

---

56 Lee Butler, "The Risks of Nuclear Deterrence: From Superpowers to Rogue Leaders", National Press Club, February 2, 1998

버틀러는 특히 재래식 무기를 사용하는 전쟁도 끔찍하지만 '전후 복구'라는 것이 가능한 반면에, 핵전쟁은 방어가 불가능하기 때문에 여타 다른 전쟁과 차이가 있을 수밖에 없다고 강조한다. 이에 앞서 일찍이 핵무기의 이론적 기초를 제공했다는 아인슈타인 역시 "총알은 사람을 죽이지만, 핵무기는 도시를 파괴한다. 탱크로 총알을 막을 수 있지만, 인류 문명을 파괴하는 핵무기를 막을 수 있는 수단은 존재하지 않는다"며 핵무기와 다른 무기의 차이점을 강조했다.

1995년 호주 정부가 주최한 캔버라 위원회에선 다음과 같은 성명을 발표했다. 캔버라 위원회는 1995년 호주의 노동당 정부가 '핵무기 없는 세상'을 만들기 위해 저명한 인사들을 초청해 구체적인 방법과 철학을 개발하기 위해 구성되었다. 이 위원회에는 버틀러 사령관을 비롯해 로버트 맥나마라 전 미국 국방장관, 조셉 로트블랫 퍼그워시 회장(1995년 노벨평화상 수상자) 등 다수가 참석했다.[57]

> "핵무기의 파괴력은 상상을 초월한다. 핵무기의 사용은 재앙 그 자체이다. 만약 사람들이 핵무기의 내재적인 위험성과 그 사용 결과에 대해 완전히 이해한다면, 그들은 핵무기를 거부할 것이고, 설사 자위적인 목적이라고 하더라도 핵무기의 보유를 허용하지 않을 것이다."

---

57 캔버라 위원회에 대한 자세한 내용은 이 위원회 공식 홈페이지 참조.
http://www.dfat.gov.au/cc/cchome.html

캔버라 위원회를 주도한 호주 외무장관인 가레쓰 에반스는 1995년 국제사법재판소ICJ 청문회에서 "핵무기의 존재로 인한 인류 공멸의 위협은 그 자체로서 악evil"이라고 말했다. 핵무기가 위험한 것은 사실이지만, 상대방의 공격 의지를 억제하고 결과적으로 대규모의 전쟁 발발을 예방하는 데 기여한다는, 그래서 핵무기는 '필요악'이라는 시각과는 정반대의 입장이다. 핵무기는 그 자체로서 '절대악'이라는 것이다.

이처럼 캔버라 위원회를 비롯한 일부 정부와 반핵운동단체들이 핵무기의 존재 그 자체에 대한 비판의 목소리를 높여나가면서, 핵무기를 둘러싼 도덕적, 법률적 논쟁은 1990년대 중반에 절정에 달했다. 미국 등 핵보유국들은 핵무기의 유용성을 강조하면서 핵무기에 대한 도덕적, 법률적 판단을 내리려는 움직임에 제동을 걸고자 했다. 그러나 1996년 핵무기에 대한 역사적인 판결이 나왔다. 유엔헌장 92조에 따라 설립된 국제사법재판소ICJ: International Court of Justice가 1996년 7월 핵무기 사용 및 사용 위협에 대한 국제법적인 판단을 내린 것이다.

이에 앞서 핵전쟁 예방을 위한 국제 의사회International Physicians for the Prevention of Nuclear War는 1992년 세계보건기구WHO 총회에서 "보건과 환경의 관점에서 전시나 무력 갈등에 있는 어떤 나라가 핵무기를 사용하는 것은 국제법의 위반인가?"라는 질문을 제기했다. 이에 WHO는 ICJ에 법률적 판단을 의뢰했다. 이와 거의 동시에 반핵운동단체들은 유엔 총회에 "어떠한 환경에서도 핵무기의 사용이나 사용 위협이 국제법에 부합하는가"를 판단할 수 있는 결의안 채택을 요구했고, 1993년 유엔 총회는 이 결의안을 상정했다. 그러나 미국, 영국, 프랑스는 회원국들에게 결의안에 찬성하면 무역보복을 당하게 될 것이라고 경고했고, 이에 따라 결의안 채택은 무산되었다. 그러나 이 결의안은 1994년에 재상정되어 그 해 12월 15일 채택되었다. 그리고 유엔 총회는 ICJ에 핵무기 사용 및 사용 위협의 적법성에 대한 판단을 묻게 된다.

그러자 미국, 영국, 프랑스, 러시아 및 미국의 일부 동맹국들은 ICJ에 법률적 판단을 내리지 말 것을 요구했다. 영국은 ICJ에게 핵무기에 대한 "건설적인 침묵의 장막"을 제거하지 말 것을 촉구했다. 핵무기에 대한 논쟁이 격화될수록 안보에 대한 우려도 커진다는 논리였다. 미국은 현대 과학기술은 정밀 타격 능력을 강화시키고 이에 따라 민간인의 피해를 크게 줄일 수 있기 때문에, 핵무기에 대한 법률적인 판단은 이러한 성과를 반영해야 한다고 주장했다. 과학기술의 발전에 힘입어 핵무기가 무차별적인 대량살상을 야기하지 않도록 설계·제조·사용될 수 있다는 것이다.

그러나 45개국과 WHO, 그리고 약 4백만명에 달하는 개인들의 청원이 ICJ에 보내졌고, ICJ는 96년 7월 8일 권고 의견Advisory Opinion과 재판관 14명의 개인적인 의견을 발표했다.[58] 권고 의견의 골자는 "핵무기의 사용 및 사용 위협은 일반적으로generally 무력 분쟁에 적용되는 국제법과 배치되고, 특히 인도주의 법의 정신과 규칙에 위반된다"는 것과 "국가들

58 권고 의견과 재판관들의 개인 의견 전문은 ICJ 홈페이지 http://www.icj-cij.org/docket/index.php?p1=3&p2=4&k=e1&p3=4&case=95를 통해 볼 수 있다.

은 핵폐기 협상을 마무리해야 할 의무가 있다"는 것이었다. 여기서 문제가 된 것이 바로 "일반적으로generally"라는 표현이다. 이 표현 자체가 특별한 환경과 조건에서는 핵무기 사용이 합법적이라는 해석을 가능케 하기 때문이다. 가령 영국은 "저출력 핵무기로 공해상의 전투함이나 인구 희박 지역의 병력을 공격하는 것은 민간인 피해를 거의 일으키지 않기 때문에 법적으로도 가능하다"는 입장을 피력했다. 그러나 ICJ는 어떤 국가도 제한적인 핵무기 사용이 정당화될 수 있거나 실현가능하다는 것을 입증하지 못했다며 모든 국가들은 전시에도 인도주의 법을 준수해야 한다고 강조했다.

이와 같은 다소 모호한 판결은 두 가지 판단에 기초한 것이었다. 하나는 ICJ 재판관들은 만장일치로 "핵무기 사용 및 위협을 인정하는 어떠한 국제법도 존재하지 않는다"는 점에 합의했으면서도, 11대 4로 "핵무기 사용 및 위협을 포괄적이고 보편적으로 금지하는 국제법도 존재하지 않는다"는 다수 의견이 나왔던 것이다. 동시에 ICJ는 전투원에게 불필요한 고통을 안겨주고, 민간인과 전투원을 구분할 수 없으며, 중립국들에게까지 피해를 줄 수 있고, 상대방의 공격에 대한 비례의 원칙을 위반하며, 지속적으로 환경에 피해를 주는 무기의 사용은 금지되어야 한다고 강조했다. 이러한 무기에 해당하는 것은 물론 핵무기이다.

ICJ의 한계를 절감하듯 ICJ 재판장은 "이러한 판단을 넘어서지 못하는 ICJ의 무능력이 결코 핵무기 사용 및 위협이 합법적일 수 있다는 인식의 근거로 해석되어서는 안 된다. 핵무기는 절대악이고 인도주의 법을 위태롭게 한다. 따라서 핵무기의 존재 그 자체는 인도주의 법의 존재에 대한 중대한 도전이다"라고 말했다. 한마디로 핵무기와 인도주의 법은 양립할 수 없다는 것이며, 이러한 딜레마를 해결하는 가장 적절한 방법은 "핵보유국이 핵무기를 폐기하겠다는 오래된 약속을 이행하는 것"이라고 강조했다. NPT에도 나와 있는 것처럼 말이다.

핵 억제이론과 그 비판

핵무기로 전쟁을 막는다?

핵무기가 인류사회에 출현한 이후 이 무기에 대한 부정적인 인식이 확산되긴 했지만, 핵무기는 아직도 지구상에 존재한다. 핵무기 등장 이후 60여년이 지난 오늘날에도 지구상에는 3만개에 가까운 핵무기가 있다. 그 위력은 12만명의 목숨을 앗아간 히로시마에 투하된 '뚱보'의 1백만배에 달한다. 이는 지구를 50번 정도 파괴할 수 있는 규모이다. 이러한 가공할 만한 현실은 인류사회에게 근본적인 질문을 던져주고 있다. '핵무기는 필요악인가?'

냉전 시대 미소간의 상호확증파괴MAD 전략에서도 알 수 있듯이, 핵무기의 유용성은 이른바 '억제 이론deterrence theory'[59]에 기초하고

59 'deterrence theory'는 억지 이론이라고도 번역된다.

있다. 일반적으로 안보전략에서 '억제'란 잠재적인 적대국에게 군사적 공격 등 적대 행위를 통해 얻을 수 있는 이익보다 보복을 당해 입게 되는 손해가 더 크다는 것을 인식시킴으로써, 적대국의 공격 행위를 방지하는 것을 의미한다. 상대방에게 가공할 보복 능력을 과시함으로써 상대방의 공격을 억제할 수 있고, 이에 따라 전쟁을 막을 수 있다는 논리인 것이다. 이러한 억제 전략이 통하기 위해서는 보복할 수 있는 능력과 의지가 필수적이다. 또한 상대방이 손해 보는 행위를 하지 않을 것이라는 '합리성'에 가정을 두고 있다.

핵무기는 이러한 억제 이론을 상징한다. 핵무기만큼 상대방에게 확실한 보복 능력을 과시할 수 있는 수단도 없기 때문이다. 특히 핵무기는 사용하지 않고도 상대방이 나한테 가할 수 있는 원치 않는 행동을 막을 수 있다는 점에서 억제력으로서의 가치가 강조되어왔다. 실제로 사용하지 않더라도 '존재' 그 자체만으로도 유용할 수 있다는 것이다.

그러나 이는 지독한 역설이기도 하다. 핵무기를 사용하지 않고도 상대방의 공격을 억제할 수 있다는 것은 핵무기의 사용 능력과 의지를 과시할 때 비로소 확보될 수 있기 때문이다. 단순히 말만 반복할 경우 '엄포'가 될 수 있고, 상대방에게 보복의 두려움을 각인시키기 위해서는 행동에 옮길 수 있다는 점을 보여주어야 한다. 미국과 러시아를 비롯한 핵보유국들이 핵무기를 보유하는 데에 만족하지 않고, 핵무기 보유수를 엄청나게 늘리고, 미사일, 폭격기, 잠수함 등 다양한 운반 수단을 개발하고, 경보 즉시 발사 태세를 유지하는 등 신속한 공격 능력을 확보하려고 하는 것도 이러한 맥락에서 이해할 수 있다. 2차 공격 능력, 즉 적의 선제공격에도 완전히 파괴되지 않을 정도로 충분한 핵무기와 준비태세를 갖출 때, 핵 억제 전략은 성공할 수 있기 때문이다.

그런데 핵 억제 전략은 핵보유국만 갖고 있는 것이 아니다. 이른바 '확장 억제extended deterrence'는 비핵국가가 핵보유국의 핵우산에 안보를 의존하는 정책을 의미한다. 한국과 일본이 미국의 핵우산 아래에 있는 것이 이에 해당된다. 또한 핵 억제 전략은 적대국의 핵무기 사용만 억제하는 것이 아니라 재래식 군사력 공격도 포함된다. 나토가 소련의 재래식 공격에 대해 핵보복을 가할 수 있다는 유연 대응flexible response 전략을 채택한 것이나, 한미동맹이 북한의 재래식 공격에 대해 핵무기로 보복할 수 있다는 대량보복 전략이 이에 해당된다.

핵 억제 이론에 대한 비판

'핵무기로 전쟁을 막는다'는 핵 억제이론에 대한 비판은 다양한 시각에서 제기되어 왔다. 우선 핵 억제이론이 근본전제로 삼고 있는 '합리성'의 문제이다. 이러한 전제는 적대국의 지도자가 자살을 두려워하지 않거나 정신질환을 앓고 있다면 통용될 수 없다. 가령 자살테러는 핵공격을 포함한 어떠한 보복 위협으로도 억제되지 않는다. 또한 합리성은 거꾸로 적용될 수도 있다. 어떠한 이유로든 핵무기를 '먼저' 사용하는 것은 국제사회로부터 엄청난 비난에 직면하게 된다. 이에 따라 상대국의 지도자는 자신이 재래식 공격을 하더라도 공격을 받은 나라나 그 동맹국이 핵무기를 사용할 정도로 비이성적이지 않을 것이라는 가정을 세울 수 있다. 혹은 '도덕적 승리자'가 되기 위해 핵전쟁을 감수할 수도 있다. 중국이 미국의 핵사용 경고에도 불구하고 한국전쟁에 개입한 것이나, 미국과 소련이 베트남과 아프가니스탄에서 패배에 직면했음에도 불구하고 핵무기를 사용하지 않은 것은 핵 억제력의 유용성에 대한 의문을 품게 하는 사례들이다.

핵 억제이론에 의존하는 안보전략은 상호간의 불신과 군비경쟁을 피할 수 없게 만든다는 점 역시 중요하다. 상대방이 나를 공격할 수 있기 때문에 핵 억제력이 필요하다는 인식은 자신에게만 적용되는 것이 아니라 상대방에게도 적용되기 때문이다. 상대방이 있는 게임인 안보에서 '내가 하면 로맨스고 네가 하면 불륜이다'는 주장은 성립할 수 없다. 북한이 수십년간 미국의 핵전쟁 위협에 시달려 왔다며 핵무기 개발을 정당화하려는 모습은 핵 억제이론이 상대방의 핵개발을 자극한다는 상식을 잘 보여준다.

앞서 언급한 것처럼, 핵 억제력은 실제 사용 여부 이전에 사용 '위협'에서 비롯된다. 이에 따라 사용 '위협'을 어떻게 볼 것인가라는 문제가 제기된다. 옹호론자들은 핵무기를 실제 사용하지 않고도 상대방의 공격을 억제할 수 있기 때문에, '위협'의 가치는 인정해야 한다고 말한다. 일례로 영국의 국방장관인 데스 브라운은 2007년 1월 한 연설에서 "대부분의 환경에서 핵무기의 실제 사용은 악evil으로 간주될 수 있지만,

핵무기 자체를 악으로 규정하는 것은 거부한다"고 말했다.

그러나 국제사법재판소ICJ는 1996년 판결에서 "어떤 무기의 사용 자체가 불법이라면, 그 무기의 사용 위협도 불법으로 간주"되고, "어떤 무기의 사용이 인도주의 법의 요구를 충족시킬 수 없다면, 그 무기의 사용 위협도 인도주의 법과는 배치된다"는 입장을 피력했다.

핵보복의 위협을 통한 억제가 실패할 경우, 많은 핵보유국은 핵보복에 나선다는 계획을 갖고 있다. 이는 핵공격이나 생화학무기로 공격당했을 경우, 핵무기로 보복하는 문제를 어떻게 봐야할까라는 질문을 낳는다. 그렇다면 핵 공격을 받았다고 해서 핵무기로 보복하는 것이 정당한가? 이와 관련해, 멕시코의 곤잘레스 갈베즈 대사는 ICJ 증언에서 "고문에 대한 허용할 수 있는 대응은 고문이 아니고, 강간에 대한 대응으로 강간을 인정할 수 없듯이, 네가 우리 도시를 파괴하면 나도 너의 도시를 파괴하겠다는 핵 보복 억제 이론도 수용할 수 없다"고 말했다. 핵보복은 핵공격을 결정한 정책결정자 및 교전 상대인 군인뿐만 아니라 이와 무관한 민간인 및 인접국가와 미래 세대까지 희생시킨다는 점에서 핵무기를 이용한 보복은 도덕적으로나 법적으로 성립할 수 없다는 것이다.

핵 억제이론의 또 한가지 근본적인 문제는 '의도하지 않은 핵전쟁의 위험성'이다. 앞서 언급한 것처럼, 상대방에 대한 억제력은 핵무기를 사용할 의지와 능력이 강할수록 높아지는 법이다. 이는 우발적이거나accidental 인가되지 않은unauthorized 핵전쟁을 유발할 수 있다. 상대방의 의도에 대한 오판과 오인, 컴퓨터 오작동, 일부 일탈세력의 핵사용, 핵무기를 관리하는 사람의 알콜·약물 중독이나 정신 질환 등을 통해 핵전쟁이 발발할 가능성을 배제할 수 없기 때문이다.

NPT란 무엇인가

NPT의 탄생 배경과 역사

1968년부터 서명에 들어가 1970년 3월에 발효된 핵확산금지조약NPT은[60] 핵무기 확산을 예방하고 궁극적으로 완전한 핵무기 폐기의 달성을 목표로 하는 대표적인 국제군축조약이다. 이 조약은 2008년 7월 1일로 40주년을 맞이하게 되었다. NPT가 발효될 당시에 회원국은 43개국에 불과했으나 점차 회원국이 확대되어 2002년 11월 쿠바가 가입했을 때에는 188개국에 달하기도 했다. 그러나 2003년 1월 북한이 NPT를 탈퇴하면서 회원국은 187개국으로 줄었다가, 2003년 12월 리비아가

60 NPT(Non-proliferation Treaty)는 핵확산금지조약, 혹은 핵무기확산금지조약, 비확산조약 등으로 번역된다. 이 책에서는 핵확산금지조약이라고 표현하기로 한다.

가입하면서 다시 188개국이 되었다. 이스라엘, 인도, 파키스탄은 NPT에 줄곧 비회원국으로 남아 있으면서 핵무기를 개발·보유하고 있다. 이들 세 나라가 NPT에 가입하기 위해서는 핵무기를 폐기하고 IAEA의 감시와 사찰을 받아야 한다.

NPT 체제가 성립된 지는 40년 정도에 불과하지만, 이전에도 이와 비슷한 노력들이 있었다. 지구상에 핵무기가 출현하고 미국이 히로시마와 나가사키에 핵폭탄을 투하한 이듬해인 1946년 유엔 총회는 유엔원자력위원회UN Atomic Energy Commission를 창립해 핵통제에 나서려고 했으나, 미국과 소련의 이견으로 이렇다할 성과를 거두지 못했다. 1946년 말에 미국이 제안한 바루크 플랜 역시 미소간의 이해관계가 첨예하게 맞서면서 실효를 거두지 못했다. 오히려 1949년에 소련, 1952년에 영국이 핵실험에 성공하면서 핵무기 확산에 대한 우려는 현실로 나타나기 시작했다.

핵확산 통제와 방지에 구체적인 성과가 나타나기 시작한 시점은 1950년대 후반부터다. 1957년에는 국제원자력기구IAEA가 창설되었는데, 이 기구는 핵 에너지의 평화적 이용을 증진하는 대신에, 핵기술이 군사적 용도로 전용되는 것을 막기 위해 안전조치 마련에 나섰다. 그 결과 1961년에는 최초로 안전조치협정을 만들었고, 1967년에는 기존의 내용을 강화한 새로운 안전조치협정을 만들기도 했다. IAEA는 NPT가 탄생하면서 비핵국가의 의무를 검증하는 기구로 자리매김하게 되었다.

미소간의 이견으로 이렇다할 성과가 없었던 핵비확산 체제 구축 노력도 새로운 전기를 맡게 되는데, 1960년 2월에 프랑스의 핵실험이 바로 그것이다. 이 실험으로 인해 핵확산의 우려는 더욱 커지게 되었고, 실제로 서독, 이스라엘, 인도, 이탈리아, 일본, 스웨덴, 스위스, 중국 등은 핵 기술 확보에 적극적으로 나서고 있었다. 이에 따라 유엔 총회는 아일랜드의 제안으로 1961년에 추가적인 핵무기의 확산을 막기 위한 결의안을 채택했고, 미소간에 핵전쟁 일보직전까지 갔던 쿠바 미사일 위기 발생 2년 후인 1964년에는 미국, 소련, 영국이 대기권에서 핵실험을 하지 않겠다는 부분 핵실험금지조약Partial Test Ban Treaty을 체결하기도 했다.

NPT 체제 탄생의 결정적인 기초가 되었던 것은 1965년 유엔 총회 결의안 2028호이다. 1964년 10월 중국의 핵실험으로 핵비확산 체제 마련을 더 이상 늦춰서는 안 된다는 국제사회의 분위기가 팽배해지면서 채택된 결의안이다. NPT의 초안격인 이 결의안의 주요 골자는 ▲핵보유국과 비핵국가 모두 핵무기 확산에 관여하지 않고 ▲핵보유국과 비핵국가의 의무는 적절한 균형이 맞춰져야 하고 ▲총체적이고 완전한 핵폐기를 향한 노력이 담겨져야 하며 ▲조약의 실효성을 확보할 수 있는 실질적인 내용이 포함되어야 하고 ▲비핵지대의 창설은 이 조약에 의해 지장받아서는 안된다는 것 등이었다. 이러한 성과를 바탕으로 미소 양국은 3년간의 협상을 거쳐 1968년에 NPT 조약문을 유엔 총회에 제출했고, 유엔 총회는 결의안 2372를 채택해 NPT를 승인했다. 이에 따라 68년 7월 1일부터 서명이 개시되어 미국, 소련, 영국 3개국의 기탁국을 포함한 62개국이 서명했고, 1970년 3월 5일, 43개국이 비준 절차를 완료함에 따라 NPT는 발효되었다. 그러나 당시 NPT가 인정한 핵보유국인 프랑스와 중국은 서명하지 않았고, 이들 나라는 1992년에 가서야 NPT에 가입했다.

NPT의 주요 내용과 쟁점

NPT의 주요 내용은 아래와 같다.

- 비핵국가들의 핵무기 개발 금지
- 5대 핵보유국이 다른 국가에 핵무기를 이전하거나 핵무기 개발을 지원하는 것을 금지
- 비핵국가들이 평화적인 목적의 핵 프로그램을 핵무기 개발로 전용하지 않는다는 것을 보증하기 위해 국제원자력기구IAEA의 안전조치 이행
- 우라늄 농축과 재처리 시설을 비롯한 평화적 목적의 원자력 이용에 대한 비핵국가들의 권리 인정
- 군비경쟁을 종식하고 핵무기 폐기를 이루기 위한 핵보유국들의 선의의 협상 의무
- 최고의 국가이익이 침해받을 경우 NPT에서 탈퇴할 수 있는 권리 인정

위의 내용에서도 알 수 있고 1965년 유엔 총회 결의안 2028에서도 강조한 것처럼, NPT는 세 개의 기둥으로 이뤄져 있다. 비핵국가와 핵보유국 사이의 균형된 의무로서 '비확산non-proliferation'과 '핵폐기disarmament'를 함께 요구하는 한편, 회원국의 '평화적 핵이용 권리'를 보장하는 것이 바로 그것들이다. 여기서 '비확산'은 비핵국가들이 평화

적 핵이용 권리는 보장받는 대신에, 이를 핵무기 개발로 전용하는 것을 금지하는 것이고, '핵폐기'는 핵보유국의 핵무기 폐기 의무를 의미한다. 이러한 특징에서 알 수 있듯이, NPT는 핵무기를 '가진 자'와 '못 가진 자' 사이의 절충이다. NPT는 유엔 안전보장이사회의 상임이사국인 미국, 러시아, 중국, 영국, 프랑스의 핵무기 보유는 '한시적으로' 인정한 반면에, 다른 회원국들의 핵무기 개발은 금지하고 대신에 평화적 핵이용은 보장하고 있기 때문이다.

참고로 NPT에서는 1967년 1월 1일 이전에 핵실험을 단행한 국가들의 핵무기 보유를 인정하고 있다. 이러한 기준에 따라 미국, 소련러시아, 영국, 프랑스, 중국이 NPT가 인정하는 핵보유국이 된 것이다. 소련 붕괴 이후 구소련의 핵무기는 러시아, 벨로루시, 카자흐스탄, 우크라이나에 있었는데, 러시아가 공식적인 소련 핵무기의 계승국으로 인정되었고, 이에 따라 다른 세 나라의 핵무기는 1996년 11월까지 모두 러시아로 인도되거나 폐기되었다.

이처럼 NPT는 5대 핵강국들의 핵무기 보유를 '한시적으로' 인정했다는 한계를 갖고 있지만, 동시에 핵보유국의 핵무기 폐기 역시 명시하고 있기 때문에, NPT를 불평등한 조약으로 단정하는 데에는 신중해질 필요가 있다. NPT의 불평등성은 내용 그 자체에 있다기보다는 핵보유국들이 자신들의 의무 사항은 이행하지 않으면서 비핵국가의 핵무기 개발을 저지하는데 NPT를 활용하는 데에 있다고 할 수 있다.

실제로 NPT 6조에서는 핵보유국들이 핵군비 경쟁 종식과 핵무기 폐기를 위해 선의의 협상에 나서도록 명시하고 있다. 또한 1995년 NPT를 무기한 연장할 때에도 "전지구적으로 핵무기를 줄이기 위한 체계적이고 전향적인 노력"을 기울이기로 합의했다. 또한 2000년 NPT 검토 회의에서도 "NPT 6조에서 모든 국가들이 약속한 것처럼, 핵보유국들은 자신들의 핵무기를 완전히 폐기하는 것을 실현하기 위해 확실한 노력을 기울이기로 하고" 13개의 행동조치에 합의하기도 했다.

2000년 NPT 회의 최종문서에 포함된 13개 핵군축 조치

1. 포괄핵실험금지조약CTBT의 무조건적이고 조속한 발효
2. CTBT가 발효되기 이전에도 핵실험 중지
3. 무기용 핵물질 생산 금지 조약FMCT 협상을 제네바 군축회의Conference on Disarmament에서 즉각 실시해 5년 이내에 조약 발효
4. 제네바 군축 회의에 핵폐기를 다룰 하위 기구의 조속한 설치
5. 핵무기 폐기 및 감축 조치에 대한 불가역성 원칙 적용
6. NPT 6조에 따라 핵보유국의 핵무기 폐기를 위한 확실한 노력
7. 2차 전략무기감축협정START II의 조속한 발효와 완전한 이행, START III의 조속한 합의 및 탄도미사일방어ABM 조약의 보존과 강화
8. 미국-러시아-IAEA 3자 구상Trilateral Initiative의 완료와 이행
9. 핵보유국들의 핵폐기를 위한 구체적인 조치: 핵무기의 일방적인 감축, 핵무기의 투명성 제고 및 자발적인 신뢰 구축 조치 이행, 전술 핵무기의 추가적인 감축, 핵무기의 운영 상태에 대한 구체적인 추가 조치, 안보정책에서 핵무기에 대한 의존도 축소, 핵무기의 완전 폐기를 위한 핵보유국의 조속하고 적절한 조치

10. 핵물질의 군사적 용도 전환 방지 강화

11. 핵무기의 완전 폐기를 위해 효과적인 검증 체제의 필요성 재확인

12. 핵보유국의 약속 이행 사항에 대한 정기적인 보고

13. 효과적인 검증 능력의 지속적인 개발

그러나 핵보유국들, 특히 미국은 이러한 약속을 지키지 않았고, 이에 따라 2005년 NPT 검토회의에서는 북한, 이란 등 일부 국가들의 핵개발 문제와 함께 미국 등 핵보유국의 약속 불이행에 대한 성토가 이어졌다. 그리고 NPT의 핵심 목표인 핵비확산nonproliferation과 핵무기 폐기disarmament 모두 제대로 이행되지 않으면서 NPT는 출범 40년만에 최대 위기에 봉착하고 있다.

NPT 체결 당시는 물론이고 현재까지도 논란이 되고 있는 또 다른 핵심 쟁점은 비핵국가들의 안전을 어떻게 보장하느냐에 있다. NPT를 주도한 미국, 소련, 영국는 조약 체결 당시에 적극적 안전보장NSA: positive security assurance을 약속했다. 적극적 안전보장이란 비핵국가이면서 NPT 회원국인 나라에 대한 핵무기 위협에 유엔안전보장이사회는 즉각적인 행동에 나선다는 것으로 이 내용은 1968년 6월 19일 안보리 결의안 255호에 명시되었다.

그러나 이는 비핵국가가 핵공격을 당한 이후에 핵공격 국가에 대한 집단적 대응에 나서겠다는 것에 한정된 것으로써, 핵보유국이 비핵국가에 대해 핵무기 사용 및 사용 위협을 하지 않겠다는 것과는 차이가 있었다. 이에 따라 115개국에 달하는 비동맹 국가들을 중심으로 한 비핵국

가들은 핵보유국들에게 법적 구속력이 있는 소극적 안전보장negative security assurance을 요구했다. 소극적 안전보장이란 핵보유국이 NPT 회원국과 비핵지대 회원국이면서 비핵국가들인 나라에 대해 핵무기 사용 및 사용 위협을 하지 않는다는 것을 의미한다. 그러나 핵보유국들은 소극적 안전보장을 NPT에 포함시키는 것은 적절하지 않다며, 이러한 요구를 거부했다. 결국 비핵국가들이 강력히 요구했던 소극적 안전보장은 1995년에 가서야 법적 구속력이 결여된 유엔안보리 결의안 984호로 채택되었다.

1995년 NPT 검토회의는 NPT를 무기한 연장할 것인가의 여부를 결정하는 대단히 중요한 회의였다. 무기한 연장 결정에 앞서 비핵국가들은 핵보유국이 소극적 안전보장을 제공하지 않고 핵폐기 의무도 준수하지 않고 있다는 비판을 쏟아냈다. 이에 따라 회원국 과반수로 결정되는 NPT 연장은 이와 같은 비핵국가의 불만으로 장담할 수 없는 처지에 있었다. 이를 우려한 미국은 회의가 열리기 직전에 유엔안보리를 통해 입장을 밝혔다. 결의안의 골자는 소극적 안전보장이었고, 결의안 채택 직후 "비핵국가가 핵보유국과 연합해 미국이나 동맹국을 공격하지 않는다면" 이라는 예외조항을 단 채, NPT 회원국에게 소극적 안전보장을 약속했다. 러시아, 프랑스, 영국도 미국과 비슷한 입장을 발표했고, 중국은 예외조항없이 무조건적인 소극적 안전보장을 확약했다.

그러나 이러한 약속은 NPT 회의에서 무기한 연장이 결정된 직후 공수표로 돌아가기 시작했다. 클린턴 행정부는 라틴 아메리카를 비롯한 비핵지대 조약 지대에 대한 소극적 안전보장이 생화학무기 공격에 대한 핵보복의 권리까지 제한하지 않는다는 방침을 천명했고, 여기서 한걸음 더나가 적대국가의 생화학무기 지하 시설을 파괴하기 위한 '벙커 버스터 핵무기'의 사용도 고려할 수 있다는 입장을 밝혔다. 나토 역시 생화학무기 공격에 대해 핵무기 사용 권리가 있다는 점을 거듭 확인했고, 이에 따라 법적 구속력을 갖춘 소극적 안전보장 채택을 거부했다.

소극적 안전보장 문제는 부시 행정부가 2002년 비핵국가에 대해서도 핵무기를 사용할 수 있다는 '부시 독트린'을 채택하면서 또 다시 뜨거운 쟁점이 되었다. 비핵국가들은 이 문제를 NPT 회의에서 집중적으로 제기하면서 "보편적이고 무조건적이며 법적 구속력이 있는" 소극적 안전보장을 요구했다. 이러한 요구에 대해 핵보유국 가운데 중국만이 지지 입장을 밝혔고, 미국 등 다른 핵보유국은 부정적인 반응으로 일관했다. 이러한 핵보유국과 비핵국가 사이의 입장 차이는 2005년 NPT 검토회의가 최종 문서도 채택하지 못하고 결렬된 중요한 요인이 되었다.

2005년 검토회의를 통해 본 NPT의 문제점

NPT에 대한 평가는 다양하다. 여러 문제점들이 있는 것은 사실이지만, 적어도 핵무기 확산을 방지하는 데 긍정적인 역할을 했다는 점에는 대체로 동의한다. 그러나 핵보유국의 약속 불이행 및 지속적인 핵위협으로 인한 비핵국가의 반발, 비핵국가는 IAEA 안전조치협정 이행이 의무인 반면에 핵보유국에게 이러한 의무가 부과되지 않은 점, NPT 회원국이었던 북한이 이 조약에서 탈퇴해 핵무기 개발에 나섰고 NPT 회원국인 이란이 우라늄 농축 프로그램을 이용해 핵무기 개발 의혹을 받고 있는 사례, NPT 비회원국인 이스라엘, 인도, 파키스탄의 핵무기 보유 등은 NPT 체제를 둘러싼 논란의 핵심에 있다. 이에 따라 NPT에 대해서는 차별적이고, 불평등하며, 비효율적인 조약이라는 비판이 꼬리표처럼 따라 다닌다.

이러한 맥락에서 볼 때, 2005년 5월 뉴욕 유엔본부에서 열린 NPT 7차 검토회의 결과를 반추해보는 것은 NPT 체제의 결함에 대해 이해하고 미래를 전망하며 그 개선점을 찾는 데 큰 도움이 된다. 이 회의에서는 그 동안 잠재되어 있던 NPT의 모순점이 한꺼번에 폭발했기 때문이다.

미국의 핵선제공격 채택 및 신형 핵무기 개발, 북한의 NPT 탈퇴 및 핵보유 선언, 이란의 핵무기 개발 의혹 등 전례없는 핵위기 속에서 열린 NPT 7차 검토회의에서 회원국들은 각기 다른 동기와 목적을 가지고 NPT 강화를 추구하고자 했다. 그러나 회의가 참담한 실패로 끝나자 코피 아난 유엔 사무총장은 “국제사회의 집단 안보를 강화할 수 있는 중대한 기회를 놓쳤다”고 강한 유감을 표했다. 의장을 맡았던 브라질의 세르지오 퀘이로즈 듀라테는 참가국의 이견을 모으면 “몇 권의 책을 쓸 수 있을 것”이라며 한숨을 내쉬었다.

실제로 NPT 7차 검토회의는 미국으로 대표되는 핵보유국과 이란 및 이집트로 상징되는 비핵국가 사이에 현격한 이견이 드러난 자리였다.

미국은 이 회의를 북한과 이란을 제재할 수 있는 방안을 강구하는 기회로 삼고자 했다. NPT를 탈퇴해 핵무기 개발을 시도하고 있는 북한에 대해서는 비난 결의안을 추진했으나, 중국 및 비핵국가들의 동의를 받지 못해 결국 실패했다. 또한 미국은 핵보유국 등 일부 국가들을 제외하고 나머지 국가들에게는 아예 농축 및 재처리 자체를 불허해야 한다고 주장했다. 아울러 NPT에서 탈퇴할 수 있는 권리를 삭제하고 탈퇴를 강행할 경우, 제재를 가할 수 있는 조항을 신설해야 한다고 요구했다. 우라늄 농축 프로그램을 이용해 핵무기 개발 의혹을 받고 있는 이란을 겨냥한 것이었다.

이에 대해 이란은 자신의 핵 프로그램은 전력 생산용이라고 주장하면서, NPT 제4조에 평화적 목적의 핵 이용은 "양도할 수 없는 권한"이라고 규정되어 있는 만큼, 우라늄 농축 및 재처리 이용은 보장되어야 한다고 맞섰다. 이집트 역시 2000년 NPT 검토회의에서 '중동 비핵지대'를 촉구하는 특별 결의안을 채택한 것을 근거로 이스라엘의 핵문제를 다뤄야 한다고 주장해 미국을 더욱 곤혹스럽게 했다. 이스라엘은 NPT 미가입국으로서, 미국의 묵인 하에 수백개의 핵무기를 보유한 것으로 추정되고 있다. 그러나 미국은 이스라엘의 핵문제가 의제로 올라오는 것 자체를 거부했다.

이처럼 핵보유국과 비핵국가 사이의 이견은 NPT 7차 회의 실패의 근본적인 요인이다. 그러나 양측의 이견은 예전부터 존재했다. 1995년 5차 검토회의에서는 핵보유국들이 비핵국가에 대한 핵무기 사용 및 위협을 하지 않고 핵무기 폐기를 약속함으로써 NPT의 무기한 연장을 이끌어냈다. 2000년 6차 회의에서도 이러한 입장은 거듭 확인되었고, 핵 폐기를 위한 13개 이행 조치에 합의하기도 했다.

그러나 7차 검토 회의는 회의 개막 이전부터 '실패'를 우려하는 목소리가 나왔었다. 2003년 1월에 북한이 NPT를 탈퇴해 핵무기 개발을 추진하고 이란의 핵 개발 의혹도 불거지면서 '비확산'에 대한 우려가 커진 것도 중요한 요인이다. 그러나 부시 행정부의 일방주의는 7차 회의의 실패를 가져온 가장 큰 요인으로 지적된다. 부시 행정부는 클린턴 행정부 때 합의된 핵 폐기 약속 및 이를 위한 13개 이행 조치의 재확인을 거부했고, 이스라엘 핵문제가 회의에서 논의되는 것마저도 거부했다. 특히 부시 행정부는 NPT 회의 기간에 미국 의회에 '벙커 버스터'용 소형 핵탄두 개발 예산의 승인을 요청해 회의 참가국들로부터 빈축을 사기도 했다.

또한 비핵국가가 핵무기를 개발하지 않는 조건으로 보장받은 '평화적 핵 이용' 권리를 미국이 아예 불허하는 방안을 관철시키려고 한 것 역시 문제점으로 지적된다. '이중용도'로 사용될 수 있는 우라늄 농축 및 재처리 시설에 대한 국제적 통제의 필요성은 높아지고 있지만, 이는 합리적인 통제 및 고강도의 검증 체제 마련을 통해 접근했어야 할 문제였다. 그러나 미국은 아예 불허해야 한다는 입장을 고수함에 따라 합리적인 토론조차도 어렵게 했다는 지적을 받았다. 더구나 미국은 IAEA가 제안한 '5년간 핵분열 물질 생산 중단'에 대해서도 자국의 핵 이용에 제한을 받을 수 있다는 이유로 반대했다. 자신의 핵 패권주의는 강화하면서 다른 나라의 핵 이용에는 제한을 가하려고 했던 일방주의가 다시 한번 확인되는 대목이다.

NPT의 미래

앞에서 살펴본 것처럼, 2005년 NPT 회의가 참담한 실패로 끝난 데에는 여러 가지 이유가 있다. 그러나 근본적인 이유는 NPT 체제가 핵보유국과 비핵국가 사이의 차별과 불평등을 해소하는 방향으로 발전해오지 못했고, 이 조약이 핵보유국과 비핵국가가 서로를 비난하는 근거로 전락해왔다는 점이 있다. 핵보유국, 특히 미국은 북한, 이란의 경우에서 알 수 있는 것처럼 현재의 NPT가 핵무기 확산을 저지하는 데 한계가 있다며, 핵비확산을 강화할 수 있는 방향으로 개정되어야 한다고 주장한다. 이에 반해 비핵국가, 특히 비동맹국가들은 핵보유국이 NPT 6조에 명시된 핵폐기 의무는 무시하고 법적 구속력을 갖춘 소극적 안전보장 논의에는 소극적이면서 NPT를 자신들의 핵패권주의를 강화시키는 도구로 활용하고 있다고 비난한다. 결국 이러한 뿌리깊은 '불일치'의 문제를 어떻게 해소하느냐는 향후 NPT의 존망과도 직결된 문제이다.

2005년 NPT 회의가 결렬된 만큼, 이제 관심은 2010년 NPT 검토회의로 모아진다. 이 회의에서도 이렇다할 성과를 내지 못할 경우, NPT 무용론은 더욱 거세게 제기될 것이다. 우선 관심사는 북한의 NPT

복귀 여부이다. 북한은 1993년과 2003년 두 차례에 걸쳐 NPT를 탈퇴해 핵무기 개발을 추구한 유일한 나라이다. 그러나 6자회담 합의를 통해 조속한 시일 내에 NPT 및 IAEA에 복귀하기로 했다. 이는 물론 북한과 미국과의 협상 결과에 따라 결정될 것이다. 6자회담 및 북미 협상이 성과를 거둬 북한이 NPT에 복귀하면, NPT 체제는 다시 활력을 얻게 될 것이다.

북한의 '복귀' 못지 않은 관심사는 이란의 '탈퇴' 여부이다. 저농축을 하면 핵 연료로, 고농축을 하면 핵무기 물질로 사용될 수 있는 우라늄 농축 프로그램 보유를 "양도할 수 없는 권리"라고 못박아온 이란은 NPT 탈퇴를 공언한 바 없다. 그러나 이란이 핵무기 제조 능력을 확보하거나, 미국 등 국제사회의 압박이 거세지는 시점에 NPT 탈퇴라는 카드를 꺼내들 가능성을 배제할 순 없다. 만약 이란이 NPT에서 탈퇴한다면, 북한의 탈퇴 이상으로 핵비확산체제는 중대한 위기에 봉착하게 될 것이다. 참고로 NPT 10조에서는 "자국의 최고의 이익이 위태로워질 경우" 3개월 이전에 NPT 회원국 및 유엔안보리에 이를 통보하고 탈퇴할 수 있는 권리를 인정하고 있다. 현재까지 이 조항에 따라 NPT에서 탈퇴한 나라는 북한이 유일하다.

핵보유국과 비핵국가 사이의 첨예한 논란거리인 소극적 안전보장 문제도 NPT 체제의 미래를 좌우할 핵심 변수이다. 시기적으로 볼 때, 소극적 안전보장을 무시하고 핵선제공격 전략을 채택했던 부시 행정부의 임기가 끝나고 미국의 새로운 행정부가 들어서는 시점과 2010년

NPT 검토 회의가 중첩된다는 점에서 더욱 큰 관심을 끈다. 비핵국가와 반핵단체들은 미국의 새로운 정부에게 법적 구속력을 갖춘 소극적 안전보장 논의에 적극 나설 것을 요구할 것이 확실하기 때문이다. 국제법적으로 소극적 안전보장에 법적 구속력을 부여하는 방안은 크게 세 가지이다.

하나는 NPT를 개정해 소극적 안전보장을 명문화하는 것이다. 그러나 NPT 개정은 회원국 사이의 첨예한 이해관계가 분출할 수 있다는 점에서 가능성이 낮다. 둘째는 제네바 군축회의CD: Conference on Disarmament를 통해 별도의 '소극적 안전보장 조약'을 체결하는 것이다. 특히 CD에는 5대 핵보유국뿐만 아니라 이스라엘, 인도, 파키스탄 등 NPT 비회원국이면서 핵무기를 보유한 나라들도 참가하고 있다. 그러나 이들 세 나라에게 소극적 안전보장을 제공할 권리를 주는 것은 이들 나라의 핵무기 보유를 인정해주는 것이라는 딜레마가 있기 때문에 이 역시 현실성이 떨어진다. 가령 아랍국가들이 이스라엘이 소극적 안전보장을 제공한다고 해서 이스라엘의 핵보유를 인정할 리 만무하다는 것이다. 끝으로 NPT에 소극적 안전보장에 대한 별도의 의정서protocol를 두는 것이다. 이 방안은 NPT 본문의 개정이 필요하지 않고, NPT가 인정한 5대 핵보유국의 소극적 안전보장에 국한된다는 점에서 현실적인 대안으로 받아들여지고 있다. 비동맹국들은 이 방안을 지지하고 있으나, 미국은 이를 거부해왔다.[61] 이에 따라 새로운 미국 정부가 참여할 2010년 NPT 검토 회의

61 George Bunn and Jean Du Preez, "More Than Words: The Value of U.S. Non-Nuclear-Use Promises," *Arms Control Today*, July/August 2007.

결과가 주목된다.

2008년 4월 28일부터 5월 9일까지 스위스 제네바에서 열린 '2010년 NPT 검토회의 준비회의'는 NPT의 미래를 가늠할 수 있는 '예고편'이라고 할 수 있는데, 이 회의에서는 이전보다 진전된 내용을 담음으로써 2010년 본회의에 대한 기대감을 높였다. 먼저 핵보유국의 의무와 관련해, 일부 핵보유국들이 전향적인 입장을 내놓았다. 프랑스는 미국과 중국의 CTBT 비준, 모든 핵보유국의 핵실험장 폐쇄, 중단거리 지대지 핵미사일 폐기 조약 체결 등을 제안했다. 영국은 미래의 핵군축을 검증할 수 있는 방안 마련을 촉구했고, 러시아는 추가적인 전략공격무기 감축 협정을 제안했다. 특히 러시아는 핵보유국이 자신의 영토 외에 핵무기를 배치하는 것을 금지하는 방안을 강구하자고 제안했는데, 이는 NATO의 '핵무기 공유 협정nuclear sharing arrangements'의 종식을 의도한 것이다.

NATO의 핵무기 공유 협정이란 NATO 회원국 가운데 비핵국가도 핵보유국의 핵무기를 배치해 유사시 사용할 수 있도록 한 핵정책을 의미한다. 이러한 정책에 따라 미국은 2007년 7월 현재 약 350개의 핵무기를 유럽에 배치해놓고 있는데, 여기에는 비핵국가인 벨기에, 독일, 이탈리아, 네덜란드, 터키가 포함되어 있다. 이러한 핵공유 정책은 핵무기의 이전 및 접수를 금지한 NPT 1조와 2조를 위반한 것이라고 할 수 있다.

이처럼 핵보유국의 핵군축과 관련해 일부 진전된 제안과 논의가 있었지만, 한계 역시 명확하게 드러났다. 5대 핵보유국은 준비회의 마지막날 공동성명을 채택했다. 성명에는 핵군축이 핵보유국의 "지속적인 의무"라는 점을 거듭 확인했지만, 2000년 검토회의 성명에 포함된 "분명한 의무unequivocal commitment"라는 표현은 누락되었고, 또한 미국의 반대로 CTBT의 조속한 발효 역시 빠졌다.

2008년 NPT 준비회의에서는 핵비확산 문제도 심층적으로 논의되었다. 이란과 북한의 핵문제가 뜨거운 쟁점이 되었지만, 이전 회의 때와는 달리 이들 문제로 회의가 파국에 직면하지는 않았다. 또한 비동맹국가들은 미국과 인도의 핵협정이 NPT 비회원국에게 핵 개발 지원을 금지하기로 한 합의를 어겼다며, 두 나라 사이의 핵협정의 폐기를 요구하기도 했다.

2005년 NPT 검토회의 이후 두 번째로 열린 준비회의는 일부 내용의 진전에도 불구하고 의장 성명 채택에 실패하는 등 여전히 한계를 보였다. 또한 이 회의는 2010년 본회의에 앞서 사전에 의제를 논의하는 준비회의이기 때문에, 이 회의에서 제안되고 논의된 내용이 본회의에서 채택될지도 불확실하다. 향후 NPT 일정은 2009년 5월 뉴욕 유엔본부에서의 3차 준비회의를 거쳐 2010년 4월 26일부터 5월 21일까지 뉴욕에서 본회의를 예정하고 있다.

비핵지대란 무엇인가?

비핵지대의 개념과 목적

일반적으로 비핵지대란 '핵무기' 자체가 완전히 부재하고 핵무기 사용이 금지된 지역이라고 정의된다. 이에 따라 보다 정확한 표현은 '비핵무기지대NWFZ: nuclear-weapon-free zone'라고 할 수 있다. 1970년 발효된 핵확산금지조약NPT 7조는 국가들이 특정 지역을 비핵지대로 만드는 권리를 인정하고 있고, 1975년 유엔 총회 결의에서도 이러한 권리를 재확인했다. 그러나 비핵지대에 속한 국가들의 평화적 핵 이용까지 제한을 둔 것은 아니다. 또한 남극, 해저, 우주에 핵무기 배치를 금지하는 조약도 있는데, 이들 역시 넓은 의미의 비핵지대라고 할 수 있다.

개별 국가들이 비핵국가nuclear weapon free state의 위상을 확보하는 경우도 있는데, 몽골이 대표적인 경우이다. 몽골은 유엔에 의해 비핵국가의 위상을 국제법적으로 확보한 유일한 국가이다. 일본도 비핵 3원칙을 제정했으나, 이는 법적 구속력이 없는 것이고, 1987년 비핵법을 제정한 뉴질랜드 역시 유엔의 공식 인정을 받지 않은 상태이다. 또한 일본, 서유럽, 미국의 일부 도시들도 비핵조례를 제정해 핵무기가 없는 도시를 지향하고 있지만, 이 역시 법적 구속력이 있는 것은 아니다.

현재 세계적으로 지역 내 국가들의 합의에 따라 창설된 비핵지대는 모두 5개가 존재하고 있다. 중남미 비핵지대조약인 틀라텔롤코 조약(서명 1967. 2.14./ 발효 1968. 4.23.), 남태평양 비핵지대조약인 라로통가 조약(서명 1985. 8. 6./ 발효 1986.12.11.), 동남아시아 비핵지대조약인 방콕 조약(서명 1995.12.15), 아프리카 비핵지대조약인 펠린다바 조약(서명 1996. 4.11.), 중앙아시아 비핵지대 조약(서명 2006.9.8)이 그것들이다.

이들 5개의 비핵지대 조약은 배경과 역사, 그리고 조약 내용에 차이가 있지만, 대체로 다음과 같은 공통적인 요소를 가지고 있다.[62]

- 지대 내의 핵무기 확산금지와 비배치: 회원국은 핵무기 개발, 실험, 제조, 생산, 취득, 소유, 저장수송, 배치 등을 금지한다.
- 기간: 모든 비핵지대 조약의 유효 기간은 '무기한'으로 하는 것을 원칙으로 한다. 그러나 각 조약은 회원국의 탈퇴 권리를 인정하고 있는데, 라틴아메리카 조약의 경우 3개월 전에 통보를 하면 조약에서 탈퇴할

62 Nuclear-Weapon-Free Zones (NWFZ) At a Glance, http://www.armscontrol.org/factsheets/nwfz.asp.

수 있고, 나머지 조약은 12개월의 사전 통보 기간을 설정해놓고 있다.

- 검증: 조약 체결국은 국제원자력기구IAEA를 비롯한 사찰기구의 광범위한 검증을 수용한다.
- 소극적 안전보장NSA: Negative Security Assurance: 비핵지대 조약은 NPT가 인정한 5대 핵보유국, 즉 미국, 러시아, 영국, 프랑스, 중국은 비핵지대 내 국가들에게 핵무기 사용 및 사용위협을 하지 않는다는 것을 보장하는 의정서protocol 서명을 요한다. 그러나 핵보유국은 소극적 안전보장에 조건을 요구하는 경우가 있다.

이러한 비핵지대는 핵무기에 제한을 둠으로써 국제 평화와 안정을 유지·강화하고 핵비확산 및 핵무기의 완전 폐기에 기여하는 데 근본적인 목적을 두고 있다. 비핵국가들의 잠재적인 핵보유 요구를 지역 차원에서 억제하고, 이에 대한 반대급부로 핵보유국이 소극적 안전보장을 제공함으로써, 절멸의 무기인 핵무기의 공포로부터 벗어날 수 있다는 개념에 기초하고 있는 것이다. 또한 핵무기의 완전 폐기까지는 상당한 시간이 걸릴 수밖에 없다는 점을 고려해, 비핵지대를 통해 안보전략에 있어서 핵무기에 대한 의존도와 유용성을 줄이고, 비핵지역을 점차 넓혀 감으로써 궁극적으로는 전세계를 비핵지대로 만들 수 있다는 점증주의적 사고방식도 내재되어 있다. 이러한 맥락에서 볼 때, 비핵지대는 NPT 체제의 약점을 보완한다는 의미를 갖는다.[63] 또한 펠린바다 조약은 핵시설에

63 이준규, "비핵지대란 무엇인가?," 『이론과 실천』(2004년 6월호).

대한 공격을 금지하는 조항을 포함하고 있고, 라로통가 조약, 방콕 조약, 펠린다바 조약은 지대 내에 방사능 폐기물의 투기를 금지하고 있어 환경 보호에도 일조하고 있다. 아울러 비핵지대 조약은 지대 내에서 핵보유국을 포함해 핵실험을 금지하고 있다.

그러나 미국 등 핵보유국들은 비핵지대가 자신의 핵기득권을 침해하는 것을 최대한 방지하기 위해 여러 가지 예외 조치를 취하고 있다. 소극적 안전보장 제공에 조건을 달거나, 핵무기 배치나 일시 통과가 필요하다고 판단되는 지역의 비핵지대 의정서에 서명하지 않거나 예외 조항을 요구하는 경우 등이 다반사이기 때문이다. 또한 핵 위험이 높은 지역, 즉 동북아, 남아시아, 중동에서는 비핵지대에 대한 논의조차 제대로 이뤄지지 못하고 있는 실정이다.

비핵지대의 기원과 쟁점

비핵지대 구상을 최초로 제안한 나라는 역설적이게도 미국과 함께 최대 핵보유국이었던 소련이다. 소련은 1956년 유엔 총회에서 동서독과 주변국가를 비핵지대로 만들자고 제안했다. 그러나 미국과 동맹국들은 소련의 제안을 거부했다. 2년 뒤인 1958년 폴란드는 소련의 제안보다 구체적이고 포괄적인 중부 유럽 비핵지대를 제안했다. 이 구상의 골자는 폴란드, 동서독, 체코를 먼저 비핵화하고 이를 전체 중부 유럽으로 확대하자는 것이었다. 그러나 당시 바르샤바 조약기구가 북대서양조약

기구NATO보다 재래식 군사력이 우위에 있었기 때문에, 미국과 동맹국들은 공산권의 재래식 군사력의 열세를 만회하기 위해서는 미국의 핵무기를 서독 등 유럽에 배치할 필요가 있다고 생각했다.

60년 초반에도 루마니아의 발칸 비핵화, 소련의 지중해 비핵지대 등의 제안이 있었지만, 마찬가지 이유로 나토는 이들 제안을 거부했다. 그러자 이번에는 일부 북유럽 국가들이 북유럽 비핵지대 창설을 제안하고 나섰다. 중립국이었던 핀란드와 스웨덴은 자신의 영토에 핵무기를 배치할 수 없다는 입장을 천명하면서 덴마크, 아이슬랜드, 노르웨이를 포함하는 북유럽 비핵지대를 제안했다. 그러나 나토 회원국이었던 덴마크, 아이슬랜드, 노르웨이가 안보상의 이유로 이를 거부해 이 구상 역시 빛을 보지 못했다.

이렇다 할 진전을 보지 못했던 비핵지대 구상은 NPT 창설 논의가 본격화되면서 비로소 탄력을 받기 시작했다. NPT 7조에 "이 조약의 어떤 것도 자신의 개별적인 영토에 핵무기를 두지 않기 위해 지역 조약을 체결하는 것에 영향을 주지 않는다"고 명시되었기 때문이다. 이는 각기 지역의 국가들이 협상과 합의에 의해 비핵지대를 창설할 수 있다는 것을 국제법적으로 보장했다는 의미를 갖고 있다. 특히 NPT와는 달리 비핵지대 조약은 지대 내에 핵무기를 완전히 금지시키고 있는데, 이에 따라 핵보유국이 핵무기를 비핵지대 조약 체결국에 배치하는 것을 금지하고 있다. 또한 핵보유국이 비핵지대 조약국들에게 핵무기 사용 및 사용 위협을 하지 않는다는 소극적 안전 보장을 요구하고 있다.

이러한 맥락에서 볼 때, 비핵지대 조약은 이러한 조항들이 없는 NPT의 허점을 보완하는 성격을 지니고 있다.

비핵지대 창설은 지역적 특색에 따라 다양한 경로를 밟을 수 있지만, 일반적으로 제안 및 초기 협의→조약문 협상과 초안 작성→조약문 채택 및 지역 내 국가들의 서명→서명국 국회에서의 비준동의→조약 발효의 단계를 거친다. 1999년 유엔 군축위원회는 유엔 총회의 승인을 거쳐 다음과 같은 비핵지대 창설의 원칙과 가이드라인을 제시했다.

- 비핵지대 창설은 국제 비확산 체제와 지역 및 세계 평화와 안정에 기여할 것
- 비핵지대는 지대 내 국가들의 자유로운 협상 결과에 기초할 것
- 초기 협상은 지대 내 일부 국가들이 주도할 수 있으나, 지대 내 모든 국가들이 참여할 것
- 핵보유국을 비롯한 지내 밖의 국가들도 비핵지대 창설을 지지·협력할 것
- 핵보유국은 비핵지대 협상에 참여하고 조약 의정서에 서명·비준할 것
- 비핵지대 창설은 지역의 특수성을 감안하고 유엔해양법을 비롯한 국제법을 준수하는 맥락에서 추진할 것
- 비핵지대는 법적 구속력을 갖춰야 할 것
- 외국의 선박과 항공기의 방문, 통과는 국가들의 자유로운 재량에 맡길 것
- IAEA의 안전조치협정을 비롯한 비핵지대 의무 준수를 검증할 수 있는 체제를 구축할 것
- 핵보유국은 소극적 안전보장을 비롯한 비핵지대의 조약과 의정서에 서명·비준할 것

•비핵지대 조약은 핵 에너지의 평화적 이용을 금지하지 말 것

이러한 일반적인 원칙과 가이드라인에도 불구하고 비핵지대에는 여러 가지 논란과 쟁점이 있다. 우선 앞서 언급한 것처럼, 핵보유국들이 소극적 안전보장을 비롯한 비핵지대의 특정 조항에 동의하지 않을 경우, 핵보유국에게 요구되는 비핵지대 의정서에 서명·비준하지 않거나 조건을 요구하는 경우가 있다. 예를 들어 미국은 아프리카 비핵지대 의정서에 서명하면서 지대 내 회원국의 생화학무기 공격에 대해 핵무기 사용을 포함한 모든 옵션을 보유하겠다는 조건을 달았다.

미국은 또한 핵무기를 탑재한 선박과 항공기의 일시 정박 및 통과를 금지하는 것은 항해의 자유 원칙에 위배된다는 입장이다. 이에 따라 미국은 1995년에 비핵지대에 대한 자신의 입장을 밝혔다. 우선 미국은 비핵지대의 창설이 동맹 등 안보조치를 방해해서는 안된다며, 소극적 안전보장의 제공 여부가 비핵지대에 종속되지 않는다는 것을 분명히 했다. 또한 앞서 언급한 것처럼, 핵무기를 탑재한 항공기 및 선박의 정박 및 통과에 대한 승인 권리는 국가의 주권에 해당된다며, 이를 비핵지대 조약문에 명시하는 것을 반대했다. 이에 반해 중국은 5대 핵보유국 가운데 무조건적인 소극적 안전보장을 약속한 유일한 국가이고, 러시아, 영국, 프랑스는 유엔의 원칙을 존중하되 자신의 공약은 비핵지대의 사례에 따라 결정된다는 입장이다.

비핵지대의 미래

지구 면적의 상당 부분이 비핵지대로 되어 있지만, 핵심 지역은 여기에 포함되지 않았다. 인도와 파키스탄이 핵군비 경쟁을 벌여온 남아시아, 이스라엘이 있는 중동, 미국의 동맹국인 한국과 일본이 있고 핵보유국 중국 및 러시아가 존재하며 북핵 문제로 갈등을 겪고 있는 동북아 등이 대표적인 지역이다. 이들 지역에서도 오래 전부터 비핵지대 창설을 실현하기 위한 노력이 존재했으나, 상호간의 불신 및 이해 관계의 충돌로 이렇다할 성과를 거두지 못했다.

남아시아의 경우, 인도가 이른바 '평화적인 핵실험'을 한 1974년 직후부터 비핵지대 논의가 있었다. 인도와 영토분쟁을 겪고 있었던 파키스탄이 남아시아 비핵지대 창설을 주창하고 나선 것이다. 그러나 인도는 당시 적대 관계에 있었던 중국의 핵무장을 이유로 이를 거부했고, 파키스탄이 중국의 지원을 받아 핵개발에 나서면서 남아시아 비핵지대 실현은 더욱 멀어졌다. 이미 인도와 파키스탄은 NPT 비회원국이면서 핵무장을 단행한 상태이고, 남아시아 안보에 지대한 영향력을 갖고 있는 중국 역시 핵보유국이라는 점에서 남아시아 비핵지대 창설은 현실적으로 어렵다는 평가가 지배적이다. 그러나 인도와 파키스탄이 핵실험 이후 카슈미르 영토 분쟁을 평화적으로 해결하고 신뢰 구축 조치를 취하고 있고, 남아시아 비핵지대 창설을 요구하는 국제사회의 목소리도 끊임없이 제기되고 있다.

핵보유국 이스라엘과 핵무기 개발 의혹을 받고 있는 이란이 있는 중동에서의 비핵지대 역시 그 긴박한 필요성에 비해 실현 가능성은 극히 불투명하다. 1974년 이집트와 이란이 중동 비핵지대 창설을 제안한 이후 유엔 총회와 NPT는 수차례의 결의안을 통해 중동 비핵지대 창설을 촉구했으나, 이스라엘과 미국의 반대에 막혀 논의조차 제대로 이뤄지지 않고 있다. 1990년에는 이집트가 핵무기는 물론이고 생화학 무기까지 포함한 대량살상무기WMD를 금지하는 포괄적인 제안을 내놓았으나, 이 역시 제대로 논의되지 못했다. 가장 큰 이유는 핵무기를 안전 보장의 필수적이라고 인식해온 이스라엘과 이를 지원해온 미국의 반대 때문이다. 이는 거꾸로 이스라엘-팔레스타인 분쟁을 비롯한 중동 분쟁이 평화적으로 해결되고 공고한 평화체제가 구축되지 않는 한, 중동 비핵지대 창설이 현실적으로 어렵다는 것을 의미한다. 그러나 이란이 핵무기 개발에 성공할 경우, 이에 불안을 느끼고 있는 사우디 아라비아, 이집트, 아랍에미리트 등의 핵개발 도미노 현상이 일어날 가능성이 높아 중동 비핵지대 창설은 대단히 시급한 과제가 되고 있다.

이 밖에도 지구의 절반인 남반구 전체를 비핵지대로 만들자는 제안도 있다. 이미 공해상을 제외하곤 거의 모든 지역이 비핵지대에 포함되어 있는 남반구 전체를 비핵지대로 지정함으로써 다른 지역의 비핵지대 창설에 촉구하고 핵무기 없는 세상에 한걸음 다가서자는 것이 기본적인 취지이다. 그러나 이 구상은 항해의 자유와 무해無害 통항권을 보장하고 있는 국제해양법과 충돌한다는 미국, 영국, 프랑스의 반대로 실현되지 못하고 있다. 가장 먼저 비핵지대 구상이 나왔던 유럽에서도 냉전 해체

이후 한때 비핵지대 논의가 재개되었으나, 비핵지대 구상을 주도했던 국가들이 비핵지대 창설보다는 나토 및 유럽연합 가입에 관심을 보이면서 논의의 진전을 이루지 못하고 있다.

비핵지대의 완성도를 높이기 위해서는 남아시아, 중동, 동북아 등 민감 지역에서도 비핵지대가 창설되어야 하는 것과 함께, 현존 비핵지대의 실효성을 높이는 것도 중요하다. 이를 위해서는 핵보유국들이 자국이기주의에서 벗어나 비핵지대 조약의 의정서에 서명·비준하는 것이 대단히 중요하다. 2007년 현재, 현존하는 비핵지대 가운데 핵보유국 모두가 서명·비준을 완료한 것은 틀래텔로코 조약 이외에 없는 실정이다.

핵실험금지와 핵물질 통제

포괄핵실험금지조약(CTBT)

1978년 유엔총회 군축 특별세션의 결의에 의해 79년에 창설된 제네바 군축회의CD: Conference on Disarmament는 NPT 6조에서 명시된 핵보유국의 핵무기 폐기를 비롯한 핵군축을 촉진하고 구체적인 방안을 찾는 것을 목적으로 한다. 이에 따라 최근 CD가 심혈을 기울이고 있는 분야는 크게 두 가지이다. 하나는 새로운 국제조약을 통해 모든 종류의 핵실험을 영구히 중단하게 하는 포괄핵실험금지조약CTBT: Comprehensive Test Ban Treaty이고, 다른 하나는 핵무기 제조에 이용될 수 있는 핵물질의 추가적인 생산을 막는 핵분열 물질 금지 조약FMCT: Fissile Material Cut off Treaty이다.

1996년 제정된 CTBT는 새로운 핵무기의 개발을 방지해 핵군비 경쟁을 억제하고, 새로운 핵보유국의 등장을 예방하며, 효과적인 현장 사찰 on-site inspection 시스템을 구축해 핵실험 여부를 검증함으로써, NPT 체제를 강화하는 데 그 목적이 있다. CTBT가 발효되면, 국제감시시스템 International Monitoring System이라는 기구에서 핵실험과 관련해 사찰 및 검증 활동을 하게 된다.

CTBT가 발효되기 위해서는 "핵 능력을 보유한" 44개국이 비준서를 유엔 총회에 기탁해야 한다. 그러나 2007년 2월 현재, 138개국이 이 조약을 비준했고 39개국이 서명했으나, "핵 능력을 보유한" 44개국 가운데, 인도, 파키스탄, 북한 3개국이 서명하지 않았고, 미국, 중국, 이란, 이스라엘, 이집트, 인도네시아, 콜롬비아 등 7개국은 서명은 했으나 비준을 하지 않아 이 조약은 아직 발효되지 않고 있다. 국제사회에서는 이들 10개국을 CTBT 거부국10 CTBT hold-out states라고 부른다.

그렇다면 CTBT를 발효시키기 위해서는 어떤 노력이 필요할까? 미국의 저명한 연구소인 군비통제연합Arms Control Association의 킴벌 소장의 주장을 중심으로 살펴보면 다음과 같다.[64] 먼저 CTBT를 비준하지 않은 미국이 하루속히 이 조약을 비준해야 한다는 것이다. 이를 위해 미국 안팎에서 미국 정부 및 의회에 대한 압력을 높일 필요가 있다고 강조한다. 미국이 CTBT를 비준하면 다른 나라들을 설득·압박하기가 훨씬 쉬워지기 때문이다. 둘째로 중국의 비준도 필수적이다. 5대

64 Daryl G. Kimball, "Accelerating the Entry Into Force of the CTBT and Securing FMCT," Presentation Paper for the 18th UN Conference on Disarmament Issues in Yokohama, August 2006.

핵보유국 가운데 미국과 중국이 이 조약을 아직 비준하지 않고 있는데, 두 나라는 상대방이 비준하지 않았다는 구실로 자신의 비준을 미루고 있기도 하다. 따라서 미중 양국 정부가 동시 비준에 합의하고 국내적 절차를 밟는 방안도 고려할 수 있을 것이다. 중국이 CTBT를 비준하면 또 다른 핵보유국인 인도와 파키스탄도 서명·비준할 가능성은 높아진다.

셋째로 상대적으로 CTBT를 서명·비준하기가 용이한 나라들부터 이 조약 비준절차를 마무리하게 하는 것이다. CTBT에 서명했으나, 비준하지 않은 나라들 가운데, 이스라엘, 이집트, 인도네시아, 콜롬비아는 국제 사회의 외교력이 집중되면 어렵지 않게 이 조약을 비준할 것으로 전망된다. 이들 나라가 비준 절차를 마무리하면 미국, 중국, 인도, 파키스탄, 북한, 이란 등 까다로운 국가들을 설득압박하는 것이 훨씬 용이해진다.

핵분열 물질 금지 조약(Fissile Material Cut off Treaty)

2부에서 자세히 설명한 것처럼, 핵무기 제조에 이용되는 핵분열 물질은 고농축 우라늄과 플루토늄 두 가지이다. 이에 따라 이들 핵분열 물질의 생산을 중단하게 하는 것은 지난 수십 년 동안 핵군축과 관련해 핵심적인 주제 가운데 하나였다. 이들 물질의 생산을 금지시키면 추가적인 핵무기 증강 및 확산을 막을 수 있기 때문이다. 이러한 논의에 힘입어 1993년 유엔 총회는 "핵무기 및 핵폭발 장치 제조에 사용되는 핵분열 물질을 비차별적이고 다자적이며 효과적으로 검증할 수 있는 조약 체결"

을 촉구하는 결의안을 채택했다. 이에 따라 제네바 군축 회의에서는 1995년 3월부터 FMCT 체결을 위한 협상이 개시되었다. 그러나 협상 개시 10여년이 지나도록 이 조약은 합의조차 이루지 못하고 있다.

FMCT에 대해 핵보유국들은 이 조약을 명시적으로 지지하지 않고 있지만, 핵분열 물질 생산 및 확산에 대한 우려는 대체로 공유하고 있다. 5대 핵보유국 가운데 중국을 제외한 4개국은 핵물질 생산을 중단할 의사를 밝힌 바 있고, 중국 역시 이를 고려하고 있다. 인도와 파키스탄은 여전히 핵물질을 생산하고 있지만, FMCT 협상에 대한 지지를 표명했고, 철저하게 '핵 모호성'을 유지해온 이스라엘도 FMCT에 반대하지 않는다는 입장이다. 2003년부터 영변 핵시설을 재가동한 북한은 2007년 2.13 합의를 통해 이 시설을 폐쇄했다. 핵보유국 사이의 이와 같은 정책 방향은 FMCT 합의를 가능하게 만드는 듯 했다.

그러나 부시 행정부는 FMCT를 지지한다는 미국의 이전 입장을 번복해 이 조약에 대한 부정적인 입장을 발표했다. 2004년 7월, 부시 행정부는 "FMCT의 효과적인 검증은 매우 광범위한 사찰을 요구하는데, 이는 조약 가입국의 핵심적인 국가안보 이익을 위태롭게 할 수 있다"며, FMCT를 사실상 거부한 것이다. 이에 따라 FMCT와 관련해 검증 문제가 핵심 의제로 부상하게 되었는데, 미국은 조약의 준수는 회원국이 자발적으로 하게 하고 심각한 문제가 발생했을 때 유엔 안보리가 개입하는 방식으로 검증 문제를 접근해야 한다고 입장이다. 그러나 국제적인 검증 체제가 결여된 FMCT는 실효성이 저해될 수밖에 없고, 유엔 안보리가 미국 등 5대 핵보유국의 조약 준수 여부를 판단하고 제재를 가한다는 것은 어불성설이라는 점에서 이러한 미국의 입장은 국제사회로부터 강한 비판을 받고 있다.

또 한가지 중요한 쟁점은 FMCT가 무기용 핵물질의 '추가적인 생산'을 금지하는 데 국한할 것인지, 아니면 보관중인 핵물질을 핵무기 제조로 이용하는 것까지 금지할 것인지의 문제이다. 이와 관련해 미국은 FMCT에 현존 핵물질을 포함시키지 말자고 주장하고 있고, 중국과 러시아 역시 미국에 동조하고 있다. 그러나 대다수 비핵국가들은 보관중인 핵물질을 핵무기 제조에 이용하는 것 역시 금지되어야 한다고 맞서고 있어, 이 문제에 대한 합의도 쉽지 않은 상황이다.

수퍼파워, 미국의 핵전략

21세기 미국의 핵전략

"나는 오늘날 미국의 핵정책을 비도덕적이고 불법적이며 군사적으로 불필요하고 대단히 위험천만한 것이라고 규정한다."(로버트 맥나마라, 前 미국 국방장관)65

사라지지 않는 핵공포

1945년 7월 인류 최초로 핵무기 개발에 성공해 그 해 8월 히로시마와 나가사키에 핵폭탄을 투하했던 미국은 2008년 현재에도 1만개 정도의 핵무기를 보유하고 있다. 1945년 이후 무려 7만개의 핵무기를 만들었고,

---

65 Robert S. McNamara, "Apocalypse Soon", *Foreign Policy*, May/June 2005.

6만개는 폐기하거나 해체했다. 현재 보유하고 있는 1만여 개의 핵무기 가운데 약 5,300개는 실전 배치되어 있고, 5,000개는 예비적으로 비축해 두고 있다. 이는 규모로 볼 때, 약 1만 1천 개를 보유한 러시아에 이어 세계 두 번째이다. 아울러 미국과 러시아는 2002년 체결한 전략공격무기 감축협정SORT, 혹은 모스크바 조약에 따라 2012년까지 핵탄두의 수를 1,700~2,200개로 감축할 예정이다. 그러나 감축한 핵탄두 가운데 상당수는 폐기되는 것이 아니라 경계 해제de-altering된 상태로 비축되고 있다.

미국의 전통적인 핵전략은 "핵 억제력으로 핵전쟁을 막는다"는 것이었다. 냉전 시대 핵 억제 이론의 대표적인 사례인 '상호확증파괴MAD' 전략은 한마디로 '나를 공격하면 다 죽는다'는 '공포의 균형'에 따라 핵전쟁을 억제하는 것이었다. 이에 따라 미국과 소련은 상상할 수 있는 모든 방법을 동원해 핵 우위에 서고자 했다. 핵무기 보유수를 수만 개까지 늘리고 미사일, 폭격기, 잠수함 등 다양한 운반체들을 개발했다. 또한 하나의 미사일에 싣는 핵탄두 수를 여러 개로 늘리는가 하면, 이들이 지구 대기권에 진입할 때 각기 다른 목표물을 공격할 수 있는 핵무기MIRVs, multiple independently targetable reentry vehicles를 만들기도 했다.

이러고도 안심할 수 없어 상대방의 핵공격 신호가 포착되면 바로 대응 공격에 들어갈 수 있도록 수많은 핵미사일을 '경보 즉시 발사launch on warning', 혹은 '일촉즉발의 상태hair-trigger alert'로 유지했다. 상대방의 핵공격 신호를 판단하는 시간은 불과 2~3분이고, 이에 어떻게 대응할 것인가를 판단하는 데 주어진 시간은 불과 20분 정도였다. 이에 따라 오인과 오판의 가능성도 얼마든지 있었고, 실제로 냉전 시대에 여러 차례에 걸쳐 오인에 의해 핵전쟁이 벌어질 뻔하기도 했다. 비평가들이 이를 '미친mad 전략'이라고 부른 까닭이기도 하다.

그렇다면 인류의 생존을 담보로 한 이와 같은 '미친 짓'은 냉전의 해체와 함께 사라진 것일까? 안타깝게도 그렇지 않다. 미국과 러시아는 냉전이 해체된 지 20년 가까이 지났음에도 불구하고 각기 1만 개 이상의 핵무기를 보유하고 있고, 서로를 향한 '경보 즉시 발사' 태세도 계속 유지하고 있다. 미국은 새로운 위협에는 새로운 핵무기가 필요하다며 신형 핵무기 개발을 추진하고 있고, 상대방의 보복 능력을 무력화시키고자 미사일방어체제MD도 구축하고 있다. 아울러 "필요하다고 판단할 경우" 핵선제공격을 할 수 있다는 위험천만한 전략을 채택했다.

이에 맞서 러시아는 미국의 MD 및 핵 선제공격 전략에 대응해 기존의 핵무기를 개량하는 한편, 핵 선제 공격 전략 채택의 가능성도 내비치고 있다. 특히 동유럽에 MD를 배치하려는 미국의 계획이 자신을 겨냥한 것이라고 비난하면서, 각종 군비통제 조약에서 탈퇴 의사를 밝히는가 하면, MD를 무력화할 수 있는 새로운 핵미사일 개발에도 박차를 가하고 있다. 나토의 확장에 위협을 느끼고 비非핵무기 경쟁에서 미국에게 크게 밀리고 있는 러시아로서는 안보전략에서 핵무기에 대한 의존도를 높임으로써 군사 강국으로서의 지위를 회복하려고 하는 것이다.

'최소 핵억제이론'을 견지했던 중국의 움직임 역시 심상치 않다. 미국이 중국을 '전략적 경쟁자'로 규정하고 MD 등 군비 증강에 박차를 가하자, 중국 역시 핵미사일의 수를 늘리는 한편, 이동식 미사일과 다탄두 미사일 개발을 서두르고 있다. 나머지 P-5인[66] 영국과 프랑스도 핵전력의 현대화에 나서는 한편, 법적 구속력을 갖춘 소극적 안전보장 채택을 거부하고 있다. 이스라엘은 냉전 시대에 이미 미국의 묵인 하에 핵무기 개발에 성공했고, 인도와 파키스탄 역시 그 뒤를 따랐다. 그리고 북한은 9번째 핵보유국 문턱에서 서성거리고 있고, 이란은 10번째 핵보유국의 후보에 올라 있다. 또한 알-카에다를 비롯한 테러집단이 핵무기를 획득해 미국 등 서방국가에 대한 공격에 나설 것이라는 '핵공격 9.11'의 공포도 커지고 있다. 냉전의 해체와 함께 사라질 것으로 믿었던 핵군비경쟁과 핵전쟁의 공포가 오히려 커지고 있는 것이다.

부시의 '핵 일방주의'

이와 같은 핵 위협의 중심에는 부시 행정부가 있다. 공화당은 이미 부시 행정부의 출범 전인 1999년에 모든 핵실험을 금지하는 포괄핵실험금지조약CTBT 비준을 거부해, 이 조약의 발효를 가로막은 바 있다. 부시 행정부 역시 출범이후 CTBT가 미국의 안보정책의 유연성을 저해할 수 있다는 이유로 이 조약의 상원 비준을 요구하지 않을 것이라고 밝혔다. 미국이 핵전력을 안정적으로 유지하기 위해서는 노후한 핵무기

66 P-5는 유엔 안전보장이사회 상임이사국이자, 핵확산금지조약(NPT)에 따라 핵무기 보유가 인정된 미국, 러시아, 중국, 영국, 프랑스를 말한다.

를 새로운 핵무기를 대체할 필요가 있고, 이에 따라 핵실험이 필요할 수도 있다는 이유 때문이다. 또한 MD 구축에 사활을 걸었던 부시 행정부는 9.11 테러 직후 '국가안보 지상주의' 분위기를 틈타 국제군축조약의 시금석이라고 일컬어졌던 탄도미사일방어ABM 조약에서 일방적으로 탈퇴하는 한편, 러시아와의 전략무기감축협정START을 거부하고 START를 SORT로 대체했다. 모스크바 조약이라고 불리는 SORT는 감축된 핵무기의 '폐기'를 명시하지 않아 '무늬만 핵군축'이라는 비난을 받아왔다.

부시 행정부의 핵 일방주의는 국제군축조약을 무시하는 것에 국한되지 않는다. 냉전 시대의 위험천만한 핵정책의 근간을 거의 그대로 유지하면서 핵무기는 '최후의 보루'라는 금기를 깨고 대단히 공격적인 핵전략을 채택했기 때문이다. 부시의 공세적인 핵전략은 적국의 대량살상무기 사용을 억제하는 것을 기본적인 목표로 삼아 왔던 전임 정부와는 달리, 핵무기를 '사용가능한 무기usable weapon'로 보고 핵 선제공격 옵션을 채택한 것에서 여실히 드러난다. 2001년 말에 작성되고 2002년 3월에 그 내용이 폭로된 핵전략검토NPR 보고서의 '비밀' 문서에서는 핵보유국인 러시아, 중국은 물론 북한, 이라크, 이란, 시리아, 리비아 등 비핵국가에 대해서도 핵공격 계획을 세우고 있다는 충격적인 내용이 포함돼 있다.[67]

부시 행정부의 핵전략이 공세적인 성격을 띠게 된 근본적인 요인은 핵무기에 대한 인식의 변화에서 비롯된다. 이전 정부들은 핵무기를

---

67 NPR의 주요 내용은 <http://www.globalsecurity.org/wmd/library/policy/dod/npr.htm>에서 볼 수 있다.

대체로 '최후의 보루last resort'로 인식한 반면에 부시 행정부는 미국의 군사 패권주의를 뒷받침해주는 '사용가능한 무기usable weapon'로 인식하고 있다. 부시 행정부는 이와 같은 인식을 바탕으로 '새로운 삼중점new triad'을 채택했다. 클린턴 행정부 때까지는 핵전략의 삼중점으로 냉전시대와 유사하게 러시아에 대한 핵 억제력 유지에 초점을 맞춰, 대륙간탄도미사일ICBM, 잠수함발사핵미사일SLBM 그리고 대륙간전략폭격기Bomber로 삼았다. 그러나 부시 행정부는 이러한 핵전략이 "냉전 시대의 유물"이라고 비판하면서, 핵·비핵 공격능력의 강화, 미사일방어체제MD를 중심으로 한 방어망의 구축, 그리고 다양하고 점증하는 위협에 신속하게 대응할 수 있는 국방 인프라의 재활성화로 전환했다. 그리고 이러한 삼중점을 효과적으로 뒷받침하기 위해 지휘·통제 및 정보체계의 획기적인 성능 향상을 도모하고 있다.

여기서 주목해야 할 것은 이전 정부의 삼중점이 "냉전 시대의 유물"이라고 비판했던 부시 행정부가 그 유물의 성능을 개량하고 있다는 점이다. 부시 행정부는 집권 초기 미뉴트맨 등 ICBM의 파괴력과 정확도를 높이고 수명을 늘리기 위해 60억 달러를 투입해 현대화에 나선 바 있다. 또한 4척의 핵잠수함에 트라이던트IID5를 탑재하기 위해 성능 개량에 나서고 있는데, 이 핵미사일은 이전 것보다 사정거리와 정확도가 높아진 것이다. 아울러 B-2A, B-52H 등 전략폭격기의 성능과 수명을 향상시키고 있다.[68] 냉전 시대의 유물을 현대화하면서 새로운 위협에 대비한다는 명분으로

68 Robert S. Norris and Hans M. Kristensen, "U.S. nuclear forces, 2005," *Bulletin of the Atomic Scientists*, January/February 2005.

MD와 방위 산업 인프라를 새로운 삼중점에 포함시킨 것이 부시 행정부 핵전략의 본질인 것이다. 이러한 핵전략의 변화는 미국 및 동맹·우방국들은 앞으로 언제, 어디서, 누구로부터, 어떤 무기를 이용해 공격당할지 예측할 수 없음으로 핵 능력 및 전략 역시 이러한 위협에 대비할 수 있도록 다양화·유연화·신속화되어야 한다는 새로운 군사전략이 적용된 결과이기도 하다.

그렇다고 부시 행정부의 핵전략이 냉전 시대나 클린턴 행정부 때의 전략과의 '완전한 결별'을 의미하는 것은 결코 아니다. NPR 보고서에서도 러시아의 위협이 줄어들고 더 이상 주적이 아니라고 강조하면서도, "러시아는 여전히 우려의 대상으로 남아 있다"며 러시아와의 갈등에 대비해 단시일 내에 기존의 전략 핵무기 능력을 다시 갖출 수 있도록 해야 한다고 부연하고 있다. 부시 행정부가 대대적인 핵무기 감축을 공언하면서도, 감축된 핵무기를 '폐기'하는 것이 아니라 '비축'하고자 하는 것도 이 때문이다.

핵선제공격 전략

부시 행정부의 핵전략 가운데 가장 큰 논란거리는 '핵무기는 최후의 보루'라는 금기를 깨고, 핵선제 공격 전략을 채택했다는 점에 있다. 특히 부시 행정부는 비핵국가에 대해서도 "필요하다면" 핵선제 공격을 할 수 있다는 전략을 채택한 것으로 알려져 국제사회로부터 강한 비판에 직면해왔다. 만약 부시 행정부가 1978년 카터 행정부도 선언하고, 클린턴 행정부도 1996년에 재확인한 비핵국가에 대한 소극적 안전보장NSA, 즉 핵무기를 보유하지 않고 핵무기를 보유한 국가와 연합해 공격하지 않을 시 미국은 핵무기 사용 및 사용 위협을 하지 않겠다는 약속을 철회했다면, 이는 핵 비확산체제의 근본을 뒤흔든 일이 될 뿐만 아니라 핵전쟁의 위험을 높이는 결과를 낳게 된다. 어떤 나라가 핵무기를 갖지 않더라도 미국의 핵공격을 받을 수 있다고 생각한다면, 핵무기 보유에 대한 집착은 더욱 강해질 것이기 때문이다.

2001년 NPR 보고서에서는 이 부분과 관련해 "즉각적immediate, 잠재적potential, 예상치 못한unexpected"이라는 세 가지 기준을 마련해 "이러한 성격의 분쟁시 핵공격 능력을 요구한다"고 명시하고 있다. 즉각적 분쟁의 예로는 이라크의 주변국 공격, 북한의 남한 공격, 중국-대만의 무력충돌을 들었고, 잠재적 분쟁으로는 "대량살상무기 및 이를 운반할 수단을 갖고 있는 하나, 혹은 복수의 세력이 미국과 동맹국에 대해 적대적인 군사적 위협을 가해오는 것"을 예로 들었으며, 예상치 못한 분쟁으로는 "쿠바 미사일 위기와 같이 갑작스럽고 예상치 못한 도전"을 의미한다고 명시하고 있다. 이러한 범주에 따라 부시 행정부는 북한, 이라크는 요주의 대상으로, 이란, 시리아, 리비아는 경계 대상으로 삼았다. 또한 중국이 "전략 목표를 개발하고 핵·비핵 군사력을 현대화하고 있다"며 즉각적, 혹은 잠재적 분쟁의 대상에 포함된다고 말해, 러시아에 대한 비중을 줄이는 대신 중국에 대한 비중을 높였다.

NPR 보고서에서 밝힌 핵선제 공격 독트린은 2002년 9월 발표된 '국가안보전략National Security Strategy 보고서' 및 2002년 12월에 발표된 '대량살상무기 전쟁에 관한 국가안보전략National Strategy to Combat WMD 보고서'에서도 거듭 확인되었다. 국가안보전략 보고서에서는 이른바 '깡패국가rogue state' 및 테러집단이 WMD를 획득·확산·사용할 위험이 커지고 있다며, "이러한 위협에 맞서기 위해, 미국은 필요하다면 선제적으로 행동할 것"이라고 밝혔다. WMD 전쟁에 관한 국가안보전략에서는 "WMD 위협에 대응하기 위해 미국은 모든 종류의 군사작전 능력을 보유해야 한다"고 밝혀, 필요하다면 핵무기도 사용할 수 있다는 것을 분명히 했다.

이러한 내용을 종합해보면 부시 행정부는 사실상 비핵국가에 대한 소극적 안전보장을 철회했다고 할 수 있다. 비핵국가와의 분쟁이 벌어질 때에도 핵공격 옵션을 대통령이 보유한다고 명시하고 있기 때문이다. 특히 이들 국가가 생화학 무기를 사용할 경우 핵 보복을 하겠다는 의지를 분명히 하고 있을 뿐만 아니라, 적국의 대량살상 무기가 사용되기 이전에 소형 핵무기로 이들을 파괴할 수 있다는 핵선제 공격 가능성도 내비치고 있다. 이것이 바로 부시 행정부가 MD와 함께 강조하고 있는 새로운 독트린의 근간인 것이다.

부시 행정부의 핵선제 공격 전략은 '정치적인 선언'으로 머무는 것이 아니라 여러 가지 정책으로 뒷받침되어 왔다. 우선 '핵무기 사용 및 위협을 하지 않겠다'는 소극적 안전보장NSA과 관련된 정책이다. 출범이후 줄곧 명시적인 소극적 안전보장 재천명을 거부했던 부시 행정부는 2000년 NPT 검토 회의에서 "법적 구속력을 갖춘 NSA는 핵비확산 체제를 강화하는 데 도움이 될 것"이라는 NPT 회의 합의에도 불구하고, NPT 회의나 유엔에서 NSA를 논의하는 것 자체를 거부해왔다. 특히 2006년 유엔 총회에서는 법적 구속력을 갖춘 소극적 안전 보장을 논의하는 것 자체를 최초로 거부했는데, 이는 소극적 안전 보장에 대해 미국이 유지했던 '모호성'이 사라지는 순간이기도 했다. "소극적 안전 보장에 대한 조약은 물론 안전 보장과 관련된 어떤 구속력 있는 조약도 반대한다"는 입장을 밝히면서 미국의 안보 전략에 지장을 줄 수 있는 국제조약을 거부한다는 입장을 분명히 한 것이다.

부시 행정부의 새로운 핵무기 개발도 논란거리이다. 앞서 설명한 것처럼, 부시 행정부의 핵선제 공격 전략의 핵심적인 목표물은 지하에 있는 대량살상 무기 저장고 및 시설이다. 이에 따라 미국은 기존의 핵무기로는 지하 깊숙이 있는 목표물을 파괴하기 어렵다고 보고, 새로운 핵무기 개발을 추진했다. '지표관통핵무기RNEP: Robust Nuclear Earth Penetrator'가 바로 그것이다. 부시 행정부는 이를 위해 의회에 개발 예산을 요청했으나, 미국 의회는 2005년과 2006년에 이 핵무기 개발 예산을 잇따라 삭감했고, 추후에도 승인하지 않겠다는 입장을 밝혔다. 이에 따라 부시 행정부는 RNEP 예산 승인을 더 이상 요청하지 않았고, 이에 따라 이 핵무기의 개발은 유보되었다.

RNEP 개발이 의회의 반대로 막히자, 부시 행정부는 2007년 들어

'핵탄두 대체RRW: Reliable Replacement Warhead 프로그램'을 추진하기 시작했다. 노후한 핵탄두를 신뢰할 수 있는 새로운 핵탄두로 대체한다는 것이다. 그러나 이 역시 미국 의회와 시민단체의 반대로 순탄하게 진행되지 못하고 있다. 이 프로그램의 문제점에 대해서는 추후에 다시 서술키로 한다.

MD와 절대안보의 신화[69]

MD란 무엇인가?

2001년 1월 부시 행정부가 출범하고 그 해 5월 MD 구축을 공식 선언한 것을 계기로 MD 문제는 국제평화의 핵심적인 관심사로 등장했다. '총알로 총알을 맞추는 게임'에 비유되는 MD는 날아오는 미사일을 미사일이나 레이저로 요격하는 시스템이다. 이를 두고 미국과 일본 등 미국의 일부 동맹국들은 MD는 방어용 무기이고, 중국이나 러시아가 아닌 북한이나 이란 등 일부 "깡패국가들rogue states"의 미사일 위협에 대비하기 위한 것이라고 강조한다. 이에 대해 중국과 러시아는 물론이고

---

69 이 부분은 졸저, 『미사일방어체제MD』(살림, 2008년 개정판)에 바탕을 둔 것이다. MD에 대한 자세한 내용은 이 책을 참고하기 바란다.

많은 국가들은 가장 강력한 공격력을 갖춘 미국이 MD까지 갖는다면, 선제공격 능력이 배가되고 이에 따라 군비경쟁이 격화될 것이라고 경고한다. 아래의 내용은 MD에 대한 기본적인 이해를 돕기 위해 질의·응답 Q&A 형식으로 정리한 것이다.

Q_ MD는 무엇인가?

A_ 말 그대로 날라오는 탄도미사일을 미사일이나 레이저로 요격하는 것이다. 원래 클린턴 행정부 때는 미사일방어체제MD를 NMD와 TMD로 나누었었다. NMD는 'National Missile Defense국가미사일방어체제'의 약자로써, 미국 본토로 날아오는 탄도미사일이 목표물에 도달하기 전에 이를 탐지, 요격, 파괴하기 위한 시스템을 의미한다. TMD는 'Theater Missile Defense전역미사일방어체제'의 약자로써, 해외 주둔 미군과 미국의 동맹국들을 미사일 공격으로부터 방어하기 위한 시스템을 말한다. 그러나 MD 구축의 사활을 걸고 있는 부시 행정부는 NMD와 TMD를 통합해 바다-육지-항공-우주를 연결하는 다층적이고 전지구적 미사일 방어망을 추진해왔다. 이에 따라 NMD와 TMD라는 두 개념은 MD라는 개념으로 통합되었다.

Q_ MD는 제대로 작동하는가?

A_ '총알로 총알을 맞추는 게임'이라는 비유에서도 알 수 있듯이, 초고속으로 날아오는 미사일을 미사일이나 레이저로 요격하기란 쉽지 않다.

특히 MD를 무력화할 수 있는 교란체나 다탄두 미사일을 개발하는 것이 MD보다 훨씬 쉽고 저렴하기 때문에, MD 구상은 근본적인 한계를 지닌다. 그러나 미국은 상대방의 미사일 발사를 초기에 탐지하고 이를 추적·식별할 수 있는 정보력과 초고속 요격 미사일 개발에 자신하고 있다. MD의 대표적인 주창자인 도날드 럼스펠드 국방장관(2001년~2006년)은 "없는 것보다는 낫다"라는 말을 남기기도 했다.

Q_ MD는 방어용 무기가 아닌가?

A_ 잘 알려진 것처럼, 미국은 세계에서 가장 막강한 공격력을 보유하고 있다. 가장 강력한 창을 갖고 있는 나라가 상대방의 창을 무력화시킬 수 있는 방패까지 보유한다면 창을 쓰는 것이 훨씬 자유롭게 된다. 미국 스스로도 MD의 필요성을 말할 때, 군사적으로 자유로울 수 있다는 점을 강조하고 있다. 또한 미국의 기본적인 MD 전략은 가급적 먼저 상대방의 미사일 시설을 선제공격하여 파괴하고 남은 미사일을 MD로 요격하겠다는 것이라는 점 역시 중요하게 고려해야 한다.

Q_ MD는 레이건의 '스타워즈'와 같은 것인가?

A_ 비슷한 점이 있지만, 같지는 않다. '스타워즈'라는 별칭을 갖고 있는 레이건의 전략방위구상SDI은 레이저를 장착한 수많은 위성들을 우주에 배치해 수천 기에 달하는 소련의 대륙간탄도미사일을 우주

공간에서 요격한다는 것이었다. 반면에 부시가 추진하고 있는 MD 계획은 중국이나 러시아의 우발적인 미사일 발사와 이른바 '깡패국가'들의 미사일 위협에 대응한다는 명분으로 추진되고 있다. 미국은 우선 지상과 해상에 미사일 요격체제를 만들고 이를 점차 공중과 우주에도 확대해나간다는 계획을 가지고 있다.

Q_ MD에는 어떤 무기들이 있는가?

A_ 우선 걸프전 당시 스커드 미사일 요격에 사용되어 우리에게도 잘 알려진 패트리어트 미사일의 최신 개량형인 PAC-3가 있다. 이는 적의 미사일을 종말 단계terminal phase에 요격하기 위한 것으로, 주로 중단거리 미사일 요격에 사용된다. 이 시스템은 2003년에 개발 완료되어 2003년 말부터 한국의 서남부(수원-평택권-군산)에 배치되었고, 2006년에는 일본에도 배치되었다. 다음으로 이지스함에 탄도 미사일 탐지·추적·요격 능력을 탑재한 이지스해상방어체제ABMD가 있다. 이 시스템은 크게 두 가지로 나누어지는데, 현재 개발 완료된 SM-3를 장착한 ABMD는 주로 중단거리 미사일 요격용이다. 미국은 2006년 가을부터 동해를 비롯한 아시아-태평양 지역에 ABMD를 배치하기 시작했고, 일본 역시 미국으로부터 SM-3를 수입해 2008년 경에 실전 배치에 들어갈 예정이다. 또한 미일 양국은 신형 SM-3를 공동 개발하고 있는데, 이 미사일은 사거리와 속도를 크게 높여 대륙간탄도미사일까지 요격할 수 있는 능력을 확보한다는 계획이다.

미국 본토 방어용으로는 클린턴 행정부 때 NMD로 불렸던 지상방어체제GMD가 있다. 이는 주로 대륙간탄도미사일 요격용으로 부시 행정부는 기술적인 결함에도 불구하고 2004년 대선 직전에 알래스카와 캘리포니아에 GMD를 배치했다. 현재 GMD는 알래스카 포트 그릴리에 9기, 캘리포니아 반덴버그 공군기지에 2기 등 모두 11기가 배치되어 있고, 그 수는 점차 늘어날 전망이다. 또한 폴란드에도 이 시스템의 배치를 추진하고 있는데, 이로 인해 러시아와의 갈등이 커지고 있기도 하다. 이 밖에도 미국은 중장거리 미사일 요격용인 전역고고도미사일방어THAAD, 이륙단계에 있는 미사일을 요격하는 시스템으로 보잉 747기에 레이저를 장착하는 항공기탑재레이저Airborne Laser, 우주 공간에서 레이저를 발사해 요격하는 우주요격레이저SBL 등도 개발하고 있다.

이러한 요격체제는 상대방 미사일 발사를 탐지하는 고성능 조기경보 레이더 및 위성, 미사일 비행 경로를 추적하는 X-band 레이더, 진짜 탄두와 교란체를 구분하는 우주 적외선 위성, MD체제에서 브레인 역할을 하는 전투지휘통제통신본부BM/C3 등이 있어야 정상적으로 작동할 수 있다.

Q_ 부시는 왜 MD를 만들려고 하는가?

A_ 미국 정부가 미국 내의 비판적 여론과 국제사회의 반발에도 불구하고 MD를 강행하고 있는 공식적인 이유는 북한, 이란을 비롯한 적성국가들의

제한적인 탄도미사일 위협, 중국이나 러시아로부터의 우발적인accidental 미사일 발사, 그리고 테러리스트와 같은 비인가자unauthorized들의 미사일 공격 등에 대비한다는 것이다. 그러나 MD 구축은 지금까지 핵전쟁을 억지해온 '상호확증파괴'에 기반한 '공포의 균형'을 깨고 자국만이 선제 핵공격 능력을 갖겠다는 세계 유일 패권 전략을 군사적으로 뒷받침하고자 하는 것이라고 할 수 있다. 아울러 MD는 신자유주의적 세계화로 요약되는 미국중심의 세계 경제질서를 군사적 측면에서 보장하고 냉전 해체로 위기에 빠진 미국 군산복합체들에게 막대한 이윤을 보장해 주기 위한 것이다. 클린턴에 비해 부시가 MD 추진에 더 열심인 것은 부시가 속해있는 공화당이 록히드마틴, 보잉, 레이시온 등으로 대표되는 군산복합체와 더욱더 긴밀한 유대관계를 가지고 있기 때문이다. 또한 우주를 군사적으로 선점함으로써 지구에 대한 지배권을 강화하고, 정치·경제·군사적 측면에서 부상하고 있는 중국을 봉쇄하려는 의도도 강하게 내포돼 있다.

Q_ ABM 조약은 무엇이고, MD와 ABM 조약은 어떤 관계가 있는가?

A_ ABM 조약은 미국과 구소련이 1972년 체결한 군비통제 조약으로서 이후 군비경쟁을 완화하는 데 시금석이 된 대표적인 조약이다. ABM 조약에서는 ABM 시스템을 비행중인 전략 탄도 미사일 또는 그 구성요소에 대항하는 시스템으로 규정하고 있고, ABM 요격미사일, ABM 발사대, ABM 레이더 등을 그 구성요소로 정의하고 있다.

ABM 조약은 탄도미사일방어망에 대해 ▲수도와 대륙간탄도미사일 기지 중심 반경 150km 이내에 각각 하나의 ABM 체계만 배치 가능 ▲100기 이상의 요격미사일/발사대 배치 금지 ▲요격시스템 구축한 지역으로 제한 ▲영토 전역 방어용 요격시스템 구축 금지 ▲이동식 요격시스템 구축 금지 ▲해상, 공중, 우주 또는 이동식 지상발사 ABM체계/구성요소의 개발, 시험, 배치를 금지 ▲ABM 체계/구성품의 타국 이전 또는 국외 배치를 금지 등을 명시하고 있다. 즉, ABM 조약은 MD 구축을 완전히 금지시키고 있는 것은 아니지만, 큰 제한을 두고 있다. 그러나 부시 행정부는 MD 구축의 법적 제약에서 벗어나기 위해 2001년 12월 13일 ABM 조약 탈퇴를 선언했고, 2002년 6월 13일부로 ABM 조약은 역사 속으로 사라지게 됐다.

Q_ 왜 MD는 새로운 군비경쟁을 야기한다고 하는가?

A_ MD가 야기하는 군비경쟁의 형태는 크게 두 가지로 생각할 수 있다. 하나는 MD를 무력화시킬 수 있는 보다 강력한 공격용 무기의 개발이고, 다른 하나는 상대방의 미사일 공격을 방어하기 위한 방어용 무기의 개발이다. 미국이 MD 구축을 강행할 경우 이에 불안을 느끼고 있는 북한, 러시아, 중국 등이 핵전력을 강화하고, 이를 운반할 수 있는 미사일 개발에 박차를 가하겠다는 것은 MD 구축에 따른 군비경쟁의 초기 양태가 공격용 무기 개발 경쟁의 형태로 나타날 것이라는 점을 예고한다. 또한 MD를 구축하기에는 아직 경제력과

기술력이 부족한 러시아와 중국으로서도 미국과 일본이 MD를 보다 강력한 형태로 계속 추진할 경우 공격용 무기에 기초한 전략적 보복 능력에만 의존하지는 않을 것이다. 군비경쟁의 기본적 속성과 그 역사를 돌이켜볼 때, 미국이 MD를 강행될 경우 중국과 러시아 역시 미사일 방어망 구축에 나설 것이라는 점을 쉽게 알 수 있다. 아울러 MD가 우주의 군사적 선점과 밀접한 연관을 갖고 있는 만큼, 우주 군비경쟁도 첨예해질 공산이 크다.

Q_ MD 구상에서 북한은 단순히 구실이고 실제로는 중국을 겨냥한 것이 아닌가?

A_ 미국의 MD 추진 목적 가운데 가장 중요한 것이 부상하는 중국을 봉쇄하고자 하는 점에 있다는 것은 사실이다. 하지만 북한을 단순히 MD 추진의 구실로만 보는 시각은 심각한 문제를 야기할 수 있다. 부시 정권의 MD 구상에서 북한 위협론은 단순히 명분이 아니기 때문이다. 최근 드러나고 있는 MD 계획과 관련된 문서들은 북한의 미사일 전력을 완전히 무력화시키는 데 초점이 맞춰지고 있고, 이에 따라 우리 국민의 의사에 아랑곳하지 않고 한반도와 그 인근에 MD 무기체계를 본격적으로 배치할 계획을 세우고 있다. MD 구축에는 오랜 시간이 걸리고 본질적으로 중국을 겨냥한 것이기 때문에 우리에게 미치는 영향은 오래가지 않을 것이라는 일반적인 판단을 비웃기라도 하듯 한반도는 MD의 첫 번째 희생양이 되고 있는 것이다.

Q_ 한국의 MD 정책은 어떠한가?

A_ 한국은 2008년 3월 현재 공식적으로 미국 주도의 MD 체제에 참여하지 않고 있다. 그러나 오산 공군기지와 평택 기지 등 미군 기지에 패트리어트 최신형인 PAC-3 배치를 허용했고, 미국 정부는 다른 MD 시스템도 한국에 배치한다는 계획이다. 한국 정부의 공식적인 입장은 미국 주도의 MD에는 참여하지 않고, 독자적으로 제한된 미사일방어체제를 구축한다는 것이다. 그러나 한미동맹의 구조와 현실을 고려할 때, 이러한 입장이 실효성이 있는지에 대해서는 논란이 끊이지 않고 있다. 아울러 한미 '전략동맹'을 추진해온 이명박 정부가 MD 참여를 선택할 가능성도 배제할 수 없다.

MD와 군비경쟁

모순矛盾이라는 중국 고사가 잘 보여주듯, 창과 방패의 대결은 끊임없는 군비경쟁을 유발하는 속성을 갖고 있다. 한쪽에서는 더 날카롭고 강한 창을 만들어 상대방의 방패를 뚫으려하고 다른 한쪽에서는 이에 대응해 더 강력한 방패를 만들어 상대방의 창을 무력화하고자 하기 때문이다. 그렇다면, 미국의 매파들이 절대안보의 꿈을 안고 야심차게 추진해온 MD는 군비경쟁을 격화시키고 있는가?

미국의 MD 계획이 구체화되기 시작한 1990년대 후반, 미국의 경쟁자에 해당하는 중국과 러시아는 물론이고, 유럽의 미국 동맹국들조차

MD가 새로운 군비경쟁을 야기할 것이라며, 미국에 반기를 들었었다. 일례로 1999년 10월 중국과 러시아는 정상회담 공동성명을 통해 "MD는 국제사회로 하여금 단일한 생활양식, 가치관, 이데올로기 등을 수용할 것을 강요하는 단극체제를 강화할 것이며, 진영간의 군사적 대립을 확대·강화하고, 국제법을 권력정치로 대체하거나 무력에 더 의존하게 만들고 있다"고 비난한 바 있다. 그리고 2001년 1월 MD 구축에 사활을 건 부시 행정부가 등장하자, 이들 두 나라는 국제사회에서 반反MD 전선을 주도했다.

그러나 2001년 9.11 테러가 터지자 "초상집에 가서 빚 독촉하지 말라"는 말을 상기시키듯이, 미국의 MD에 대한 국제사회의 비판여론은 많이 줄었다. 그러자 부시 행정부는 2001년 12월 13일 MD에 제한을 둔 탄도미사일방어ABM 조약 탈퇴를 선언하면서 MD 구축에 박차를 가하기 시작했다. 알래스카와 캘리포니아에 서둘러 MD 요격미사일을 배치하는 한편, 북한의 핵미사일 위협을 이유로 호주와 일본과 MD 협력을 강화했고, 공식적으로 MD 참여를 선언하지 않은 한국에도 주한 미군 기지에 패트리어트 최신형인 PAC-3를 배치했다. 또한 동유럽에 MD 배치 계획을 발표했다. 이에 따라 2007년 들어 MD는 다시 국제정치 무대의 중앙에 복귀했다. 러시아가 미국의 MD 계획에 강력 반대하고 나섰고, 중국 역시 MD에 대한 정치외교적 비난은 자제하면서도 핵전력 강화에 나서고 있기 때문이다.

세계 유일 초강대국인 미국, 과거의 영광을 회복하려는 러시아, 21세기 미국의 전략적 경쟁자로 일컬어지는 중국 등 MD를 둘러싼 3자 사이의 관계는 '핵의 미래'에 대해서도 중대한 함의를 갖는다. 세계에서 가장 강력한 공격 능력을 갖춘 미국이 상대방의 보복 능력을 약화시킬 수 있는 방어력까지 갖춘다면, 미국과 전략적 경쟁 관계에 있는 중국과 러시아가 느끼는 위협은 그만큼 커질 수밖에 없고, MD에 불안을 느끼고 있는 나라들은 더 강력한 핵미사일을 통해 MD를 뚫으려고 할 것이기 때문이다. MD를 중심으로 한 이들 3자 사이의 관계를 살펴보면 아래와 같다.

앞서 언급한 것처럼, MD에 강력 반발했던 러시아와 중국은 9.11 테러가 발생한 직후, MD에 대한 공세의 수위를 크게 낮췄다. 푸틴 러시아 대통령은 부시 행정부가 ABM 조약에서 탈퇴하고 MD 구축 강행을 선언 다음날인 2002년 12월 14일 성명을 발표해, "이번 미국의 결정은 실수라고 생각한다"며 비판했다. 그러나 푸틴은 "러-미 양국은 다른 핵무기 보유국들과 달리 MD를 뚫을 효과적인 무기체계를 갖고 있기 때문에, 미국의 이번 결정은 러시아 안보에 위협이 되지 않을 것"이라며 자신감을 표현한 뒤, "러시아와 미국은 가능한 빨리 새로운 전략적 관계를 수립해야 한다"며 미국의 ABM 조약 탈퇴를 현실로 받아들였다. 중국 정부 역시 "ABM 조약은 존속되어야 한다. 중국은 MD에 반대하며, 이 체제의 부정적 영향에 대해 우려하고 있다"고 말하면서, 미국에 우려의 뜻을 전달했다. 그러나 "이러한 문제와 관련해 미국과의 전략적인 대화가 필요하다"며 오히려 미국 측의 대화를 촉구하고 나서는 모습을 보임으로써, MD 구축에 맞서 "군비경쟁도 불사하겠다"는 기존의 입장을 확실히 누그러뜨렸다.

푸틴이 공언한 것처럼 MD를 무력화시킬 수 있는 핵전력을 보유하고 있는 러시아가 MD를 현실로 받아들이는 태도는 어느 정도 이해할 수 있었다. 그러나 MD에 가장 큰 불안을 느껴온 중국의 '조용한 대응'은 다소 의외라고 할 수 있다. 이러한 '중국의 침묵'에 대해 베이츠 길은 크게 네 가지로 설명한 바 있다. 첫째, MD가 중국 안보에 미치는 구체적인 영향과 상관없이 미국이 중국을 북한과 같이 '깡패국가'라며 MD 구축의 명분으로 삼고 있지 않고 있기 때문이다. 둘째, 2001년 초 미중간의 첨예한 논란으로 부각된 바 있는 대만의 MD 포함문제에 대해, 일단 부시 행정부가 PAC-3와 이지스함을 대만에 판매하지 않기로 함으로써 두 국가의 충돌을 피할 수 있었다. 셋째, 부시 행정부가 ABM 조약 탈퇴 직후 장쩌민 주석에게 전화를 걸어 상의하는 등, 중국의 체면을 세워주었기 때문이다. 넷째, 러시아의 반발이 줄어들고 있는 것도 중국이 계속 강경한 입장을 고수할 수 없는 이유가 되었다.[70]

그러나 중국의 반발이 누그러졌다고 해서, 이를 곧 중국이 MD를 수용하고 있다고 보는 데에는 무리가 따른다. 근본적으로 미국이 21세기 잠재적인 적으로 중국을 상정하고 대중국 견제 및 봉쇄 강화를 핵심적인 군사안보전략으로 삼고 있는 상황에서, MD 구축은 중국의 안보 딜레마

---

70 Bates Gill, Can China's Tolerance Last?, Arms Control Today January/February 2002.

를 한층 자극할 수밖에 없기 때문이다. 또한 1만개 이상의 핵무기와 수천기의 핵미사일을 보유한 러시아와는 달리, 중국은 미국 본토를 공격할 수 있는 핵미사일 숫자가 20여기에 불과하다. 이는 이론적으로 100기 정도의 MD 요격미사일로 무력화가 가능하다. 이와 관련해 조안네 톰킨스가 2002년 여름 중국 현지에서 정부 관리, 군관계자, 민간 전문가 등 60여명을 인터뷰해 작성한 보고서를 주목할 필요가 있다.[71] 그는 미국의 ABM 조약 탈퇴, 미국-러시아 사이의 핵무기 감축 협정 체결, 핵태세검토 보고서NPR, MD 등이 중국의 핵 계획에 변화를 가져오고 있다며, 이 가운데 중국의 정책 결정자 및 전문가들은 MD를 가장 큰 위협으로 해석하고 있다고 결론지었다.

중국이 MD에 위협을 느끼고 있다는 것은 21세기 최대 국가 과제의 하나로 내세우고 있는 대만 통일을 MD와 연결시켜 생각하면 쉽게 이해할 수 있다. 이는 두 가치 차원에서 이해할 수 있는데, 첫째 대만이 미국의 MD망에 포함될 경우와 둘째 대만과의 무력 충돌시 미국의 개입 여부로 나누어 볼 수 있다. 대만이 MD에 포함된다는 것은 대만을 겨냥한 중국의 미사일이 적지 않게 무력화될 수밖에 없을 뿐만 아니라, 사실상 대만이 미국의 안보 우산에 편입됨에 따라 독립 의지를 부추길 것으로 중국은 보고 있다. 대만이 MD 우산에 편입되지 않더라도, 미국이 중국의 ICBM을 무력화시킬 수 있는 MD를 갖게 될 경우 중국은 대만과의

71 Joanne Tompkins, How U.S. Strategic Policy Is Changing China's Nuclear Plans, Arms Control Today January/February 2003.

무력 충돌시 미국의 개입을 억제할 수 있는 힘을 상실하게 된다. 대만의 MD 편입 여부와 관계없이 중국은 MD 자체에 큰 위협을 느낄 수밖에 없는 것이다.

중국의 고민은 이렇듯 MD의 위협적인 성격을 잘 알고 있더라도, MD에 대응하기가 힘들다는 점에 있다. MD에 대응하는 가장 확실한 방법은 핵무기 전력을 비약적으로 강화시켜 MD를 무력화시키는 것이지만, 이를 위해서는 막대한 군비 지출이 불가피하고 중국이 내세우고 있는 평화발전론에도 부합하지 않는다. 경제성장을 제1의 국가 목표로 삼고 있는 중국으로서는 쉬운 결정이 아니다. 특히 1980년대 소련이 MD 구상의 원조라고 할 수 있는 레이건의 전략방위구상SDI, 별칭 스타워즈에 맞서 군비경쟁을 했다가 몰락한 사례도 중국으로서는 무시할 수 없다. 실제로 중국 내 일부 신중론자들은 "미국의 MD가 본질적으로 노리는 것은 중국이 군비경쟁에 나서게 하는 것"이라며, MD를 무시하는 것이 현실적인 최선이라고 주장하고 있다. 그러나 머지 않아 MD를 비롯한 미국의 패권주의에 큰 위협을 받을 수밖에 없는 상황에서, 팔짱만 끼고 있을 수도 없다는 주장도 강하게 제기되고 있다. 특히 일부 강경파들은 경제성장이 주춤하더라도 늦기 전에 핵무기 전력을 대대적으로 강화시켜 MD에 맞서야 한다는 주장도 나오고 있다.

이렇듯 조용하면서도 중대한 중국 내부의 논쟁은 '중간'으로 수렴되고 있다. 즉, MD가 중국에 직접적인 위협을 주기 전까지 미국과 정면으로 맞서는 것을 자제하되 점진적으로 핵무기 전력을 증강시키는 방향으로 국가전략이 수립되고 있다는 것이다. 이에 따라 중국은 10년에 걸쳐 2001년의 핵전력을 10배 가량 증강시켜 나갈 것으로 미국의 중앙정보국CIA 등은 보고 있다. 실제로 중국은 2000년 이후 매년 15% 이상 국방비를 증액하면서 군현대화에 박차를 가하고 있다. 군현대화 프로그램에는 이동식, 다탄두 핵미사일 개발·배치, 잠수함발사탄도미사일SLBM, 위성 파괴 무기 등 MD를 무력화할 수 있는 무기 체계도 상당수 포함되어 있다.

한동안 잠잠했던 러시아도 2007년 들어 오히려 중국보다 훨씬 강력하게 미국의 MD에 맞서고 있다. 발단은 미국의 동유럽 MD 배치 계획이다. 미국은 이란의 핵미사일 위협을 이유로 폴란드에 10기의 요격미사일과 체코에 X-밴드 레이더를 배치하겠다고 발표했다. 미국은 2007년 안에 체코 및 폴란드와의 양자 협의를 마무리하고 2008년부터 공사에 들어가 2011년경에 실전 배치를 마무리하기를 희망하고 있다. 그러자 러시아가 발끈하고 나섰다. 푸틴 대통령은 미국의 계획이 발표된 직후인 2007년 2월 초에 미국의 MD 및 군사패권주의를 거론하면서 "미국이 세계의 지배자, 유일한 주권국가"처럼 행세하고 있다고 비난했다. 러시아의 하원인 두마 역시 미국이 MD 계획을 밀어붙이면 제2의 냉전이 초래될 수 있다고 경고했다. 그러자 미국은 "냉전은 한번으로 족하다"며 MD는 러시아에 위협이 되지 않는다고 강변했다.

그러나 러시아는 물러서지 않았다. 오히려 미국의 동유럽 MD 배치 계획이 철회되지 않으면, 1987년 미소간에 체결된 중거리핵미사일폐기

협정INF: Intermediate-Range Nuclear Forces Treaty에서 탈퇴할 수 있다고 경고했다. INF는 냉전시대 대표적인 군축조약 가운데 하나로, 사거리 500~5,500km의 탄도미사일과 순항 미사일을 폐기하기로 한 것이다. 그러나 미국은 물러서지 않았다. 동유럽 배치 MD는 러시아와 무관하다는 입장을 고수했다.

미국이 물러서지 않자, 러시아는 유럽재래식무기감축협정CFE: Treaty on Conventional Armed Forces in Europe까지 언급하고 나섰다. 푸틴은 2007년 4월 26일 의회 연설에서 미국이 동유럽에 미사일방어체제MD 배치 계획을 철회하지 않으면, CFE 조약을 준수하지 않을 수 있다고 경고하고 나선 것이다. CFE는 유럽의 냉전 종식을 상징하는 조약 가운데 하나라는 점에서 러시아의 경고는 미러관계가 냉전 시대에 버금가는 적대관계로 돌아설 것이라는 우려를 증폭시키고 있다. 러시아는 이렇듯 MD에 맞서 군축조약 무력화에 나서는 한편, 핵전력 강화에도 박차를 가하고 있다. 냉전 시대 레이건의 전략방위구상SDI에 맞서 추진했다가 중단한 핵전력 증강 프로그램을 재개하고 있는 것이다. 여기에는 다탄두 핵미사일 성능 개량, 이동식 핵미사일 증강, 궤도 수정이 가능한 탄두 개발 등이 포함되어 있다.

이처럼 러시아가 MD에 극히 민감한 반응을 보이고 있는 이유는 크게 두 가지로 추론해볼 수 있다. 첫째는 미국에게 무시당하고 있다는 것이다. 부시가 ABM 조약에서 일방적으로 탈퇴하고, 러시아와 협의없이 동유럽에 MD를 배치하려고 하는 것은 자신을 무시하지 않고서는 가능하지 않다는 것이 러시아의 시각이다. 둘째는 지금 당장 MD가 위협이 되지 않더라도 앞으로는 달라질 수 있다는 것이다. 미국의 MD는 기본적으로 '다층-다각도' 체제이다. 지상-해상-상공-우주로 이어지는 MD 체제에서 현재 개발이 완료되고 실전배치에 들어간 것은 지상MD와 해상MD이다. 미국은 이를 점차 상공과 우주로 확대한다는 계획이다. 이에 반해 러시아는 2012년까지 핵미사일을 1700~2200개 수준으로 감축키로 했다. 핵미사일 수는 줄어드는 반면에 미국 주도의 MD가 막강해지면, 러시아의 전략적 손실은 그만큼 클 수밖에 없는 것이다. 특히 러시아는 자신의 턱밑인 동유럽에 MD가 배치되는 것 자체가 위협이 되고, '가랑비에 옷 젖듯이' 한발씩 계속 물러나면 러시아의 핵미사일 전력까지 위협받을 수 있다고 생각한다. 러시아는 동유럽 MD를 '트로이의 목마'로 보고 있는 것이다.

이처럼 MD를 통한 '절대안보의 신화'에 빠진 미국과 '강대국으로서의 지위 회복'을 노리는 러시아 사이의 충돌이 우리에게도 시사하는 바가 대단히 크다. 두 강대국의 충돌은 유럽에 국한된 문제가 아니기 때문이다. 미국은 MD의 명시적, 잠재적 대상국인 북한, 중국, 러시아와 가장 가까이 있는 한국을 MD의 전략적 요충지로 삼고 있다. 패트리어트 최신형인 PAC-3를 가장 먼저 배치한 데 이어, 중장거리 미사일 요격용인 해상MD체제와 전역미사일고고도방어체제THAAD 배치도 서두르고 있다. 또한 미국은 상대방 미사일을 이륙단계에 요격할 수 있는 항공기탑재 레이저ABL 배치 필요성까지 들고 나왔다. 이러한 계획이 강행되면 한반도는 또 다시 '고래 싸움에 새우등 터지는 신세'에 처할 수도 있다. 중국과 러시아가 팔짱끼고 보고 있을 리 만무하기 때문이다. 우리가 MD에 주목해야 할 까닭이 바로 여기에 있다.

핵 테러리즘

'용의 불'

9.11 테러 발생 한달 후인 2001년 10월 11일, 부시 대통령은 CIA 국장으로부터 충격적인 보고를 받았다. 알-카에다가 러시아로부터 10킬로톤의 폭발력을 가진 핵무기를 밀수해 뉴욕으로 반입했다는 것이다. 이 가공할 만한 보고 내용의 코드네임은 '용의 불Dragonfire'였다. 이 정보는 루디 줄리아니 뉴욕 시장에게도 알리지 않을 정도로 극비에 붙여졌다.

부시 행정부는 즉각 비밀 요원들을 뉴욕에 보내 핵무기를 찾아 나섰다. 뉴욕은 타임스퀘어 광장 반경 800미터 이내에 50만명이 있을 정도로, 세계 최고의 인구 밀집 도시 가운데 하나이다. 만약 맨하튼 중심가에서 핵폭탄이 터지기라도 하면 이들 50만명은 즉사하고, 수백만명이 추가적으로 죽거나 다칠 것이다.

부시 대통령은 알-카에다가 핵무기를 워싱턴으로 반입해 터트릴 가능성에 대비해, 딕 체니 부통령에게 어디론가 피신하라고 지시했다. 자신의 유고시 체니로 하여금 대통령직을 수행토록 하기 위한 조치였다. 체니는 각 부처의 수백명의 공무원들과 함께 안전한 지역으로 대피했다.

알-카에다가 핵무기를 확보했다는 정보는 2001년 4월, CIA가 알-카에다 요원들의 대화를 도청해 입수한 것이다. 알-카에다 요원들이 "미국의 히로시마American Hiroshima"를 언급하면서 체첸 반군으로부터 핵무기를 구매했다는 내용이었다. 결과적으로 이 정보는 잘못된 것으로 드러났고, 뉴욕이나 워싱턴에서 핵폭탄이 터지는 일도 발생하지 않았다.[72]

2001년 9월 11일 뉴욕의 세계무역센터(일명 쌍둥이 빌딩)와 워싱턴의 국방부 청사(일명 펜타곤)가 테러집단에 의해 공격당한 사건이 발생한 이후, 미국 내에서는 최악의 시나리오가 자주 거론된다. 바로 핵무기를 이용한 테러리즘이다. 알-카에다와 같은 극단주의자들이 핵무기를 손에 넣어 미국이나 미국의 동맹·우방국을 공격하거나 협박할 수 있다는 '악몽의 시나리오'는 9.11 테러 이후 끊임없이 제기되고 있다. 심지어 북한이나 이란이 핵무기를 갖더라도 이들 국가의 핵보유 자체보다는 이들 핵무기가 테러집단의 손에 넘어가는 것을 더 두려워한다.

수소폭탄의 설계자인 리처드 가윈은 2007년 3월 미국 의회 청문회에서 인류사회가 획기적인 조치를 취하지 않으면, 미국이나 유럽의 도시에서

---

72 Graham Allison, "Time to Bury a Dangerous Legacy - Part Ⅰ", YaleGlobal, March 14, 2008.

핵폭탄을 이용한 테러가 발생할 가능성은 매년 20%씩 늘어날 것이라고 경고했다. 하바드대의 핵전문가인 매튜 번 역시 향후 10년 이내에 핵 테러가 발생할 가능성은 29%라는 계산 결과를 내놓았다. 하다못해 투자의 귀재이자 보험정책 설계의 대가인 워렌 버핏도 "핵 테러가 발생하지 않을 것이라고 믿을 수 있는 근거를 알지 못한다"고 말했다.

이처럼 핵 테러리즘의 위험성이 부각되는 이유는 9.11 테러에서도 확인된 것처럼, 테러리스트가 자신의 목적으로 달성하는 데 수단과 방법을 가리지 않고, 테러리스트가 핵무기나 핵물질, 그리고 핵 과학자에 접근하는 것이 불가능한 일이 아니며, 테러집단에게는 '핵 억제력'이 통하지 않는다는 점 등이 거론된다. 무엇보다도 국가가 핵무기를 가지려는 목적은 억제력을 확보하거나 국제사회에서의 위상 및 외교적 지렛대를 높이고 국내 정치적으로 자신에게 이롭다는 판단에서 나오는 반면에, 테러집단이 핵무기를 확보하려고 하는 이유는 '사용'하려는 데 있다는 근본적인 차이점이 있다.

그러나 현실적으로 테러집단이 '자체적으로' 핵물질을 생산해 핵무기를 만드는 것은 거의 불가능하다. 핵물질을 생산하기 위해서는 대규모의 우라늄 농축 시설이나 원자로 및 재처리 시설이 필요하기 때문이다. 이에 따라 테러리스트가 핵무기를 획득할 수 있는 경로로는 북한이나 이란이 테러집단에게 핵무기나 핵물질을 판매할 가능성, 구소련 지역에 남아 있는 수천톤의 핵물질을 탈취할 가능성, 알-카에다의 활동 무대인 파키스탄 정권을 전복시키고 핵무기를 획득할 가능성 등이 자주 거론된다.

어떤 경로로든 테러집단이 핵무기를 확보하게 되면, 핵 테러리즘의 위험성이 커지게 된다는 것이 미국의 인식이다. 앞서 언급한 것처럼, 국가와는 달리 테러집단에게는 핵 억제력이 통하지 않을 것이기 때문이다. 테러집단은 영토와 인구를 갖고 있는 국가와는 달리 여러 지역에 분산되어 은신해 있기 때문에, 핵보복을 하기가 쉽지 않다. 더구나 자신의 목적을 달성하는 데 자살도 서슴치 않기 때문에, 핵보복의 위협을 통해 테러집단의 핵공격을 예방하는 것도 불가능하다. 수만 개의 핵무기를 갖고 있었던 소련에게도 통용되었던 '핵 억제력'이 테러집단이 한두 개의 핵무기라도 갖는다면 그들에게는 통하지 않는다는 것이다. 미국 등 테러 공격에 민감한 국가들이 '핵 테러리즘'에 히스테리에 가까운 반응을 보이고 있는 까닭이 바로 여기에 있다.

이러한 우려를 반영하듯, 미국은 핵무기를 비롯한 대량살상무기WMD로 무장한 테러집단이 미국을 공격하는 것을 막는 일을 안보정책의 최우선 순위 가운데 하나로 삼고 있다. 우선 미국은 테러집단에 대해 재래식 무기는 물론이고 핵무기로도 선제 공격이 가능하다는 전략을 채택해 놓고 있다. 또한 북한, 이란 등 이른바 "깡패국가들"의 대량살상무기가 테러집단에게 이전되는 것을 막기 위해 대량살상무기확산방지구상PSI을 창설해, WMD나 관련 물품을 실고 있는 것으로 의심되는 선박이나 항공기를 검색·나포하는 방안도 구체화하고 있다. 아울러 각종 금융제재를 통해 WMD와 관련된 것으로 의심되는 기업이나 인사의 자산을 동결하고 금융거래를 차단시키려고 하고 있다.

미국 핵정책의 미래

공약(空約)으로 끝난 역대 미국 대통령의 약속

긍정적이든, 부정적이든 미국의 정책이 국제사회에 미치는 영향은 대단히 크다. 특히 핵무기와 관련해서 미국은 최초의 핵보유국이자 최강의 핵강대국이면서, NPT를 비롯한 핵비확산체제를 주도해온 나라이다. 또한 NPT를 비롯한 국제기구와 다른 나라의 정책에도 가장 큰 영향력을 행사하는 나라이다. 이는 인류사회의 핵의 미래가 미국의 핵정책에 따라 상당 부분 좌우될 수밖에 없다는 것을 의미한다. 제4부에서 미국의 핵정책을 비교적 상세히 분석하고, 아래에서 미국 핵정책의 미래를 살펴보고자 하는 까닭이 바로 여기에 있다.

미래를 전망하기 전에 과거를 되돌아볼 필요가 있다. 대부분의 미국의 역대 대통령들은 '핵무기 없는 세상'을 공언했었다. 비록 공약空約으로 끝났음에도 불구하고 말이다. 아이젠하워는 "인간의 경이적인 발명품인 원자력이 인간의 죽음이 아니라 생존에 기여하는 데 사용될 수 있도록 온 힘을 쏟겠다"고 말했다. 케네디는 "세계는 자신의 사형 집행을 기다리는 감옥이 되어서는 안된다"며, 핵군축에 본격 나서겠다고 공언했다. 닉슨 역시 "핵군비경쟁을 중단하고 핵무기 폐기를 이룰 수 있는 수 있는 효과적인 방법을 강구하겠다"고 했고, 레이건은 핵무기는 "전적으로 비이성적이고 비인간적이며 지구의 생존과 문명을 파괴할 수 있는 살상 무기"라며 "모든 핵무기의 폐기"를 천명하기도 했다. 아버지 부시와 클린턴도 NPT에 명시된 핵폐기 의무를 이행하겠다고 다짐했다.

그러나 이들의 공언은 말로 끝났다. 또한 아들 부시는 핵무기 폐기를 공언하지도 않았다. 오히려 핵선제 공격 전략 채택과 새로운 핵무기 개발 추진 등으로 미국 안팎의 거세 비판을 자초하기도 했다. 이에 따라 관심의 초점은 차기 미국 대통령의 핵정책에 모아지고 있다.

미국의 핵전문가인 캠벌은 차기 미국 대통령이 '핵무기 없는 세계'라는 비전을 재확인하기 위해서는 우선 세 가지 정책을 취해야 한다고 주문한다. 첫째, 부시 행정부 때 후퇴한 러시아와의 핵무기 감축 협상을 다시 시작해 양국의 핵탄두를 1천개 이하로 감축하는 조약을 체결해야 한다. 둘째, 국제사회에서 미국의 CTBT 비준 여부를 미국의 핵폐기 약속의 시금석으로 삼고 있는 만큼, 차기 미국 정부는 이 조약의 비준을 조속히 추진해야 한다. 셋째, 부시 행정부의 핵선제 공격이 미국의 신뢰도와 핵비확산 정책에 치명타를 가한 만큼, 차기 미국 정부는 "미국은 핵무기를 먼저 사용하지 않고, 비핵국가에 대해 핵무기 사용 및 사용 위협을

하지 않겠다"는 방침을 공식 천명해야 한다.[73]

'부시 이후의 미국'은 달라질 것인가?

부득불 미국 핵정책의 미래는 2008년 11월로 예정된 미국 대선 결과에 따라 상당한 영향을 받게 될 것이다. 일단 민주당이든, 공화당이든 역대 미국 정부가 핵무기를 안보정책의 중심으로 삼아왔다는 점에서, 대선 결과가 미국 핵정책의 근본적인 변화를 수반하지는 않을 것이다. 그러나 부시 행정부의 핵정책에 대한 미국 안팎의 비판 여론이 대단히 강하다는 점을 고려할 때, 누가 당선되든 부시보다는 개선된 핵정책을 추구하게 될 것이다. 또한 민주당은 대체로 국제주의를 강조하는 입장이고, 공화당은 미국의 이익을 위해서는 일방주의도 마다해서는 안 된다는 입장이라는 점을 고려할 때, 구체적인 정책에 있어서는 양 정당 간의 적지 않은 차이가 있을 수 있다.[74]

우선 NPT에 명시된 핵무기 감축 및 폐기에 대한 정책을 전망할 필요가 있다. 부시 행정부는 러시아와의 전략무기감축협정START를 거부하고 '무늬만 핵감축'인 전략공격무기감축조약SORT를 추진해 국제사회

---

73 Daryl G. Kimball, "Getting Real About Nuclear Disarmament", *Arms Control Today*, April 2008.

74 미국 대선 후보의 핵무기 관련 정책에 대한 입장은
http://www.cfr.org/publication/15279/candidates_and_nuclear_nonproliferation.html(2008년 6월 26일 검색), http://www.fcnl.org/candidates/index.htm(2008년 6월 26일 검색) 참조.
다만 검색일에서 미국 대선까지는 약 5개월의 차이가 있는 만큼, 대선 후보들의 입장이 바뀔 수도 있다는 것을 염두에 둘 필요가 있다.

로부터 강한 비판에 직면한 바 있다. 또한 미국의 핵폐기 공약 이행 여부는 국제사회 전체의 핵무기의 미래에 가장 큰 영향을 미치는 사안이다. 이와 관련해 민주당의 배럭 오바마는 "나는 핵 억제력이 필요하다고 믿는다"면서도, "미국은 너무 많은 핵무기를 갖고 있다"며 감축이 필요하다는 입장이다. 그러나 미국 일방적으로 감축하지는 않을 것이라며, 러시아 등 핵보유국과의 협상을 통한 상호간의 감축을 추진하겠다고 밝히고 있고, 새로운 핵무기 개발에 대한 입장도 명확하게 내놓지 않고 있다. 존 매케인 공화당 후보 역시 "가능한 가장 낮은 수준의 핵 태세를 유지하겠다"고 말해, 핵무기 감축 필요성에는 동의하고 있다.

다음으로 부시 행정부가 임기 말에 들고 나온 '핵탄두 대체RRW: Reliable Replacement Warhead 프로그램'도 주목을 끈다. 국제사회의 반발과 의회의 반대에 막혀 지표관통형 핵무기 개발을 포기해야 했던 부시 행정부는 2007년 들어 노후한 핵탄두를 신뢰할 만한 것으로 대체한다는 명분으로 RRW 프로그램을 추진해오고 있다. 핵탄두 속에 있는 플루토늄의 수명이 다 되어가기 때문에, 이들을 새로운 핵탄두로 교체하지 않으면 미국 핵전력에 차질이 생길 수 있다는 논리이다. 그러나 기존 핵탄두의 수명이 최소 85년은 되기 때문에, RRW 프로그램이 불필요하다는 반론도 만만치 않다. 최소한 85년 동안 핵무기를 계속 갖게 되는데, 이것이 노후하다는 이유로 새로운 핵탄두를 가지려고 한다면, '미국은 핵무기를 영원히 포기할 생각이 없다'는 국제사회의 의구심을 자극해 핵확산이 더욱 심각해질 수 있다는 우려도 제기된다. 이에 따라 미국의 평화운동단체들은 RRW를 저지하는 것을 핵심적인 활동 목표로 삼고 있다. 정치권에서는 대체로 민주당은 RRW에 부정적이고 공화당은 긍정적이라는 점에서, RRW의 추진 여부는 2008년 11월 대선과 중간선거 결과에 따라 결정될 것으로 보인다.

미국이 포괄핵실험금지조약CTBT에 비준할 것인가의 여부도 큰 관심거리이다. 1999년 공화당 주도의 상원과 2001년 출범한 부시 행정부는 CTBT가 미국의 새로운 핵무기 개발에 차질을 줄 수 있다는 이유로 이 조약에 비준동의하지 않았다. 반면 민주당의 클린턴 행정부는 CTBT에 서명했고, 상원 비준도 요구한 바 있다. 이러한 맥락에서 볼 때, 민주당이 2008년 대선과 중간선거에서 모두 승리하지 못하면, 미국이 CTBT를 비준할 것이라고 장담할 순 없다. 민주당이 대선에서 승리하더라도 상원에서 다수를 확보하지 못하면, 공화당의 반대로 CTBT 비준이 또 다시 무산될 수 있기 때문이다. 참고로 오바마는 일찍부터 CTBT 비준을 대선 공약으로 제시해놓고 있고, 1999년 CTBT 비준 표결 당시에 반대표를 던졌던 매케인은 6월 초 핵정책 공약을 발표하면서 "이 조약의 미래에 대해 열린 마음을 갖고 있다"며, 미국 핵전략을 종합적으로 검토해 비준 여부를 결정하겠다고 밝혔다.

다음으로 미국의 핵선제 공격 전략의 유지 여부도 큰 관심거리이다. 미국이 구속력을 갖춘 소극적 안전보장을 반대하거나 핵선제 공격 전략을 채택하는 것은 국제 핵비확산체제의 가장 큰 문제거리로 지적되어왔다. 미국 스스로가 필요하다면 핵무기를 사용할 수 있다는 입장을 고수하면서 다른 나라들에게 핵무기를 개발·보유하지 말라는 요구를 하는 것은 정당성을 갖기 힘들기 때문이다. 실제로 북한, 이란 등 미국에 의해 '깡패국가', '악의 축'으로 지목된 나라들은 미국의 이러한 핵전략을 자신의 핵개발의 정당한 근거로 삼아왔다. 또한 미국이 핵선제 공격 전략을 채택하면서 러시아, 프랑스 등도 대량살상무기 위협에 대해 핵무기를 사용할 수 있다는 가능성을 내비치기도 했고, 줄곧 무조건적인 소극적 안전보장을 확약했던 중국도 이를 재고할 수 있다는 입장을 보인 바 있다. 이러한 맥락에서 볼 때, 향후 미국이 소극적 안전보장에 어떤 입장을 취하느냐는 핵비확산뿐만 아니라 핵보유국의 핵전략에도 큰 영향을 미칠 수밖에 없다.

이와 관련해 2009년 1월에 백악관을 떠나는 부시 행정부가 임기 내에 소극적 안전보장에 관한 정책을 변경할 가능성은 희박해 보인다. 이에 따라 미국의 차기 정부가 어떤 선택을 하느냐에 관심이 모아진다. 오바마는 "나는 그 누구에게도 핵무기를 사용하지 않겠다"고 공언해 핵무기 사용에 상당히 부정적인 입장을 밝히고 있다. 반면 매케인은 "핵무기를 사용하지 않겠다고 말하는 것은 순진하다"며 핵 불사용 입장을 밝힌 오바마를 비난한 것에서 알 수 있듯이, 미국의 무력 사용에는 모든 옵션이 포함되어야 한다는 입장이다.

끝으로 21세기 국제질서의 중요한 변수로 등장한 MD 문제이다. 앞서 설명한 것처럼, MD 구축을 대표적인 공약으로 내세웠던 부시 행정부가 2001년 1월 출범하면서 MD 문제는 국제정치의 중심에 있었다가, 9·11 테러가 발생하고 미국이 아프가니스탄과 이라크를 침공하면서 MD에 대한 관심사는 크게 줄었다. 그러나 2007년 들어 동유럽 MD 배치를 둘러싸고 미국과 러시아의 갈등이 커지면서 MD는 또 다시 국제정치 무대의 중심으로 복귀하고 있다.

일단 미국의 MD 추진력은 많이 약화된 상태이다. 잇따른 MD 실험 실패로 효율성에 대한 비판이 높아지고 있고, 이라크 전쟁 비용이 폭등하면서 MD 관련 예산도 압박을 받고 있다. 무엇보다도 도날드 럼스펠드 국방장관(2001년~2006년 재임)의 사임을 비롯한 네오콘의 퇴조가 두드러지게 나타나고 있어, MD 추진 세력의 힘도 예전만 못한 실정이다. 아울러 부시 행정부가 MD 구축의 최대 명분으로 내세웠던 북핵 문제가 점차 해결 국면으로 접어들고 있어 명분을 찾기도 쉽지 않은 상황이다. 이에 따라 2008년 11월 대선 및 중간선거 결과에 따라 정도의 차이는 있겠지만, MD의 규모와 예산은 줄어들 것이 확실시된다. 특히 민주당 집권시 MD의 축소폭은 더 클 것으로 전망된다.

한반도, 동북아 그리고 핵무기

미국과 북한, 누가 누구를 위협하는가?

미국의 대북한 핵위협

흔히 한반도에서 미국의 핵위협을 제기하면 북핵 문제에 대한 '물타기'나 근거없는 '반미선동' 쯤으로 여기는 분위기가 있다. 그러나 많은 국가들과 비판적 지식인들, 그리고 비정부기구들NGO은 미국의 핵문제에 대해 상당한 우려를 표하고 있다. 그 이유는 미국의 핵정책이야말로 "핵무기 없는 세상"을 향한 인류 사회의 염원을 가장 위협하고 있다고 보기 때문이다. 그러나 '북핵'에 가려진 탓인지 한국에서는 미국 핵문제가 좀처럼 거론되지 않는다. 특히 '반핵'을 앞세우면서 툭하면 김정일 위원장과 핵무기 모형을 불태워온 '반핵'(?) 단체들은 미국을 찬양하기까지 한다.

그러나 이념과 선입견을 접어두고 냉정하게 볼 때, 한반도 주민들에게 가장 큰 핵 위협을 가해온 나라는 다름 아닌 미국이다. 광복의 환희와 분단의 좌절에 가려져 잘 알려지지 않았지만, 1945년 8월 6일과 9일 히로시마와 나가사키에 떨어진 두 발의 핵폭탄으로 약 4만명의 조선인들이 즉사했고, 약 3만명이 피폭 후유증에 시달려왔다. 당시 미국이 핵무기를 사용하지 않았거나, 최소한 민간인이 대거 거주했던 대도시가 아니라 군사시설에 핵무기를 사용했다면, 희생되지 않았을 무고한 목숨들이었다.

한반도가 핵전쟁의 참화에 휩싸일 뻔한 적도 있었다. 바로 한국전쟁이다. 트루먼 대통령은 1950년 11월 30일 기자회견을 통해, 전쟁을 종식시키기 위해 사용할 수 있는 무기에 "우리가 갖고 있는 모든 무기가 포함된다"고 말했다. 이에 앞서 맥아더는 유엔군 총사령관에 임명되자마자 핵폭탄 사용을 요구했고 그 후에도 30여발의 핵폭탄을 투하하면 10일 안에 전쟁을 종결시킬 수 있다고 공언했다. 그는 "(30여발의 핵폭탄 투하로) 동해로부터 서해에 이르기까지 코발트 방사선으로 막을 형성할 것이다. 그 지역의 생명체는 60년, 혹은 120년 후에야 다시 소생할 것이다"라고 말했다.[75] 맥아더 해임 이후에도 핵위협은 계속되었는데, 일례로 정전협정 협상 당시에 아이젠하워 대통령은 북한이 선의를 가지고 협상에 임하지 않으면 "무기 사용에 모든 제한을 제거하겠다"며 핵무기 사용 가능성을 암시했다.[76] 한국전쟁 종전을 핵심적인 공약으로 내세웠던

75 Bruce Cumings, "Korea: Forgotten Nuclear Threats", *Nautilus Policy Forum*, January 11, 2005. <http://www.nautilus.org/fora/security/0503A_Cumings.html>.

76 *Washington Post*, October 15, 2006.

아이젠하워는 종전을 위해 핵무기 사용도 불사할 수 있다는 것이었다.

아마겟돈

1950년 12월 2일, 맥아더는 트루먼의 위임에 따라 미 공군에게 한반도로 진군하는 중국군을 향해 5발의 핵폭탄 투하를 지시했다. 핵폭탄이 뿜어낸 섬광과 폭발은 중국군의 공격을 멈추게 했다. 약 15만명의 중국군이 사망했고, 미군과 한국군 포로 상당수도 목숨을 잃었다. 나토 회원국들은 자신과 상의없이 핵무기를 사용한 미국을 강력히 비난했고, 6개월전 한국 방어를 위해 채택된 유엔 안보리 결의안을 무효화하기 위한 결의안은 미국의 비토권 행사로 거부되었다. 핵보복에 나서달라는 중국의 압력에 따라 소련은 미국에게 한반도에서 모든 군사행동을 중지하든, "가장 심각한 결과"를 감수하든 48시간 안에 결정하라는 최후통첩을 보냈다. 12월 4일, 48시간이 지나자 블라디보스톡에서 이륙한 2기의 소련 전폭기는 부산과 인천에 핵폭탄을 투하했다. 이 두 곳은 유엔군 지원의 핵심 거점이었다. 맥아더는 소련의 핵공격이 자신이 행한 것보다 2배 이사의 사망자를 내자, 주일 미공군에게 블라디보스톡과 중국의 선양 및 하얼삔에 핵폭탄을 투하하라고 지시했다. 이러한 소식은 소련 공군기의 작전 범위에 있는 일본과 유럽국가들의 격렬한 반미 시위를 야기했고, 영국, 프랑스, 베네룩스 3국은 나토에서 탈퇴하겠다고 선언했다. 그러나 이미 독일의 프랑크푸르트와 함부르크에 소련의 핵폭탄이 떨어진 뒤였다.[77]

77 이 글은 미국의 역사학자 가디스가 한국전쟁 때 핵무기가 사용되었을 겨우를 상정해 쓴 공상 에세이이다. John Lewis Gaddis, *The Cold War: A New History,* (New York: The Penguin Press, 2005), pp.48~49.

다행히 한국전쟁 때 핵무기는 사용되지 않았다. 중국군이 개입하면서 핵무기 사용 가능성을 강하게 암시했던 트루먼은 자신의 발언이 잘못된 것이었다고 해명하고, 한반도에서 핵무기를 사용할 계획이 없으며, 핵무기 사용 권한은 대통령에게 있다는 것을 재천명했다. 이러한 트루먼의 방침에 대해 핵무기 사용 권한을 일임해달라고 했던 맥아더는 강력히 반발했고, 결국 트루먼은 1951년 4월 맥아더를 해임시켰다.

당시 트루먼이 핵무기를 사용하지 않은 이유는 크게 세 가지였다. 첫째는 북한 내에 핵무기를 투하할 만한 마땅한 목표물이 존재하지 않았기 때문이다. 통상 대도시나 대규모 산업시설, 군사기지 및 보급로 등이 핵공격 대상이지만, 북한에는 이러한 것들이 거의 존재하지 않았다. 둘째는 중국을 응징하고 추가적인 개입을 차단하기 위해 중국에 핵폭탄을 투하하는 것도 고려되었으나, 이는 소련의 개입까지 야기하면서 유럽으로까지의 확전을 비롯한 3차 세계대전으로 확대될 위험성이 있었다. 셋째는 핵무기 사용이 진지하게 고려되었던 1951년 상반기에 유엔군의 반격이 본격화되고 서울을 재탈환하는 등 전선에서 일정 정도의 성과가 있었기 때문에 핵무기 사용의 다급성이 떨어졌기 때문이다.[78]

미국의 대북한 핵위협은 한국전쟁 이후에도 계속 되었다. 미국은 1953년 7월 27일 정전협정이 체결된 직후 '대량 보복 전략'을 천명했다. 이는 적이 재래식 군사력을 동원해 침공할 경우에도 핵무기로 대량

78 John Lewis Gaddis, pp.58~60.

보복하겠다는 전략이었고, 1955년 1월 서울을 방문한 미국의 래드포드 합참의장은 이 전략에 한반도도 포함된다고 선언했다. 그리고 1958년부터는 주한미군이 다양한 전술 핵무기를 전진배치하기 시작했다. 이에 따라 한때 남한에 배치된 핵무기 수는 1천개에 달하기도 했다.

북한의 재래식 공격에 대해 핵 공격을 포함한 대량 보복전략이 구체화된 것이 바로 팀스피리트 훈련이다. 여기에서 주목해야 할 것은 이 훈련을 시작한 1978년이 바로 카터 행정부가 비핵국가에 대해 소극적 안전보장을 선언했던 때라는 점이다. 당시 미국은 다른 비핵국가에 대해서는 핵무기 불사용을 약속하면서 북한을 상정한 핵공격 훈련에 돌입했던 것이다. 미국은 이 훈련에 핵무기 탑재가 가능한 F-16 전투기를 비롯해, B-1B 전폭기 등을 동원했고 핵미사일을 탑재한 잠수함도 참여시켰다. 또한 북한의 야포 전략을 초토화시킨다는 명분으로 핵대포 훈련도 수시로 했다. 북한이 팀스피리트 훈련이 실시될 때마다 극도의 긴장 상태를 유지하면서 전시동원체제를 가동했던 속사정도 바로 여기에 있었던 것이다.

더욱이 미국의 핵 위협은 미소 냉전이 해체되고 1994년 제네바 합의가 체결된 이후에도 계속되었다. 미국이 1991년에 한반도에 전술 핵무기를 철수하고, 1994년 10월 제네바 합의 이후 팀스피리트 훈련의 중단 및 소극적 안전보장을 약속함으로써 미국의 대북 핵위협도 해소되는 듯 했다. 그러나 이 마저도 '기만'이었다는 것이 한참 지난 뒤에야 드러났다. 클린턴 행정부 1기 때 핵정책을 다루는 특별보좌관을 지낸 스티브

페터는 "만약 미국이 북한에게 핵 선제공격을 하지 않겠다고 약속하면, 북한은 남한이나 일본을 더 쉽게 공격할 수 있게 되었다고 믿을 것"이라며, 이로 인해 북한에 소극적 안전보장을 해줄 것인가의 문제는 중요한 토론 주제였다고 밝혔다. 그러나 결국 클린턴 행정부는 북한에 대한 소극적 안전보장이 남한과 일본에 대한 미국의 안보공약의 후퇴로 비춰질 것을 우려해 북한을 제외시키기로 했다.[79] 이를 뒷받침하듯 클린턴 행정부는 제네바 합의 이후에도 대북한 모의 핵공격 훈련을 계속한 것으로 드러났다.

2002년 9월 미국의 안보전문연구기관인 노틸러스 연구소가 정보자유법Freedom of Information Act에 따라 미국 정부로부터 입수한 미군의 대북 핵공격 계획 비밀해제 문서는 이를 뒷받침해준다.[80] 1991년 한반도에서 핵무기를 철수한 이후 미국은 '대안들'을 마련했다. 북한에 대한 핵공격 계획을 계속 유지하기 위해 원거리 작전이 가능한 F-15E, B-1 등 장거리 폭격기와 트라이던트 잠수함 발사 핵미사일 등을 이용하기로 한 것이다. 그리고 대북한 핵공격을 담당하는 미군 부대도 미 본토에 있는 제4 전투비행단으로 바꾸었다. 1998년 상반기 노스 캐롤라이나에 있는 세이머 존슨 미 공군기지에서 실시된 수차례의 대북한 핵무기 사용 모의 훈련은 이러한 미국의 계획을 잘 보여주었다.[81]

---

79 *The Japan Times*, March 6, 2005.

80 이 문서의 원본은 노틸러스 연구소 홈페이지 <http://www.nautilus.org/nukestrat/korea/postcw.html>에서 볼 수 있다.

81 이 훈련에 대한 상세한 내용은 Hans M. Kristensen, "Preemptive Posturing," *Bulletin of the Atomic Scientists*, September/October, 2002, Volume 58. No. 5. 참조

미국, 북한에 핵무기 쓸 수 있나?

이러한 사실들을 통해 알 수 있듯이, 미국의 대북한 핵위협은 한국전쟁 이후에도 지속되었다. 정전협정서의 잉크가 채 마르기도 전에 '대량보복 전략'을 채택해 남한에 핵무기를 배치하기 시작했고, 카터 행정부가 소극적 안전보장을 천명한 순간부터 팀스피리트 훈련을 시작했다. 남한에서 핵무기를 철수한 이후에는 미국 본토의 공군력과 핵잠수함을 이용한 핵공격 계획을 유지했고, 제네바 합의 체결 때 겉으로는 소극적 안전보장을 약속했지만 이 역시 공수표였다. 미국 핵정책의 이중성을 여실히 보여주는 대목들이다.

더욱 심각한 문제는 부시 행정부 등장과 함께 불거졌다. 4부에서 자세히 설명한 것처럼, 부시 행정부는 핵무기 사용을 단순히 '보복'에 한정하고 있는 것이 아니라, 유사시 북한 등 이른바 "악의 축axis of evil" 국가들이나 테러집단에게 먼저 사용할 수 있다는 부시 독트린을 발표한 바 있다. 특히 부시 행정부는 기존의 지하시설 파괴무기로는 지하 깊숙이 숨어 있는 대량살상무기와 미사일, 그리고 지도부를 파괴하는 데 한계가 있다고 보고, 지하시설을 파괴할 수 있는 핵무기 개발을 추진하기도 했다. 그러나, '지표관통형 고강도 핵무기Robust Nuclear Earth Penetrator'로 명명된 이 프로그램은 미국 의회의 반대로 일단 무기한 연기되었다.

그렇다면, 미국은 북한을 상대로 핵무기를 쓸 수 있을까? 가능성이 높고 낮음을 떠나 미국이 그러한 계획을 갖고 있는 것은 분명한 사실이다.

4부에서 소개한 핵태세검토NPR 보고서에서는 북한을 이라크와 함께 "고질적인 우려의 대상"이라고 언급하면서 북한을 최우선적인 공격 대상으로 삼은 바 있다. 북한이 남한을 공격하면, NPR에서 밝힌 '즉각적 분쟁'에 해당되어 미국은 핵무기로 보복할 가능성이 있다. 또한 북한이 남한이나 일본을 생화학 무기를 이용해 공격할 경우에도 미국은 핵무기를 사용할 수 있다고 밝혔다. 이는 NPR에서 말하는 '즉각적, 잠재적' 범주에 해당된다.

한반도 핵전쟁 위험은 여기서 끝나지 않는다. 북한이 먼저 방아쇠를 당기지 않았더라도 미국이 독자적으로, 혹은 남한과 함께 북한을 공격할 경우에도 핵무기 사용 옵션이 채택될 수 있기 때문이다. 가령 미국이 북한의 대량살상무기 위협 제거를 명분으로 '비핵'무기를 이용해 북한의 대량살상므기 시설을 폭격한다고 가정해보자. 미국이 북한을 '비핵'무기로 공격할 경우, 북한은 주한미군은 물론 일본의 주일미군에도 보복공격을 감행할 가능성이 높다. 이렇게 될 경우 북한의 생화학 무기 사용 여부와 관계없이 미국은 북한에 대해 핵무기 사용을 고려하게 될 것이다.

이 과정에서 미국의 대북한 핵공격은 크게 세 가지로 나타날 수 있다. 하나는 북한이 생화학 무기와 미사일 등 이른바 대량살상 무기를 이용할 경우, 미국은 핵보복 전략에 따라 핵무기를 사용할 가능성이 있고, 다른 하나는 북한이 대량살상 무기를 사용하지 않더라도, 위에서 언급한 지하시설 파괴 핵무기를 통해 북한이 대량살상 무기를 사용하기 전에 예방적 차원에서 정밀 핵 타격을 가할 수도 있다. 또한 한국전쟁 당시 맥아더가 유력하게 고려했던 것처럼 북한의 군사 시설이 밀집된 지역이나 지도부의 은신처로 추정되는 지역 일대를 방사능 오염 지대로 만들어 북한의 전쟁 수행 능력을 마비시키고자 핵무기를 사용할 수도 있다.

이와 같은 부시 행정부의 핵 공격 계획은 미국의 군사전문가 윌리엄 아킨이 폭로한 '콘플랜CONPLAN 8022'에서 잘 드러난다. 이 계획에는 북한이나 이란과 같이 대량살상 무기를 개발하는 적대 국가들에 대해 선제공격을 할 수 있다는 내용이 포함되어 있다. 특히 유사시 적국이 미국에게 핵 공격을 가할 위협이 임박했다고 판단할 경우 먼저 핵무기 사용도 가능하다는 내용이 포함되어 있다. 아킨에 따르면 '콘플랜 8022'는 9·11테러공격 경험과 부시 대통령의 선제공격 독트린 등이 결합돼 만들어진 것으로, 2003년 11월 완성됐으며, 2004년 1월 도널드 럼스펠드 국방장관과 부시 대통령에게 보고되고 그 해 여름 승인받았다고 한다.[82]

아울러 펜타곤은 2003년에 전략 핵전쟁 계획의 명칭도 '단일통합작전계획SIOP: Single Integrated Operational Plan에서 '작전계획OPLAN 8044'로 바꾸었다. 펜타곤이 핵전쟁 계획의 명칭을 바꾼 이유는 소련과의 핵전쟁을 상정한 냉전 시대와는 달리 핵무기 사용 옵션이 유연해질 필요가 있다는 판단 때문이다.[83] 이와 관련해 리처드 마이어스 합참 의장은

---

82 William Arkin, "Not Just A Last Resort?: A Global Strike Plan, With a Nuclear Option," *The Washington Post*, May 15, 2005.

83 "U.S. Changes Name of Nuclear War Plan", Nuclear Brief December 21, 2004. <http://www.nukestrat.com/us/stratcom/siopname.htm>

2005년 2월 중순 미국 의회에 제출한 서면 보고를 통해 전략사령부가 2004년 가을에 새로운 핵전쟁 계획 작성을 끝냈다는 점을 확인하면서, 이를 통해 "동맹국을 안심시키고 적을 단념시키며, 필요할 경우 적을 분쇄시킬 수 있는 유연성을 확보하게 되었다"고 강조했다.[84]

이러한 미국의 핵전략은 한반도에서의 무력충돌이 핵전쟁으로까지 비화될 가능성을 배제할 수 없다는 것을 의미한다. 다행스럽게도 2007년 들어 부시 행정부가 북한과의 진지한 협상을 선택하면서 북핵 문제 및 한반도 평화체제 구축에 대한 전망이 밝아지고 있다. 이에 앞서 2005년 9.19 공동성명에서는 미국이 북한에 대해 핵무기를 비롯한 무력 사용을 하지 않겠다고 약속하기도 했다. 이처럼 6자회담과 북미 협상이 성공을 거둘 경우, 한반도에서의 핵전쟁 위험은 상당 부분 사라지게 될 것이다. 그러나 그 반대일 경우, 미국의 공세적인 핵전략과 북한의 핵무장이 충돌하면서 한반도 위기는 언제든지 다시 고조될 수 있고, 그 위기의 중심에는 핵전쟁이 도사리게 될 것이다.

이렇듯 미국으로부터 제기되는 핵 위협은 과거에는 물론이고 오늘날에도 존재한다. 그럼에도 불구하고 우리 사회가 이와 같은 중차대한 문제에 둔감한 이유로는 미국식 '핵무기주의nuclearism'가 한국에도 투영되어 왔다는 점을 지적할 수 있을 것이다. 이는 정책적으로 '핵우산'으로 표현되는 미국의 안보공약 및 한미동맹체제 아래에서 미국의 핵무기에

---

84 전문은 <http://www.nukestrat.com/us/jcs/Testimony_Myers0216-1705.pdf>에서 볼 수 있다.

대한 문제제기가 금기시되었던 것으로 나타나고 있다. 미국의 핵 정책을 비판하는 것은 곧 안보를 위태롭게 하고 북한을 이롭게 한다는 냉전 반공시대의 산물이 여전히 해소되지 않고 있는 것이다. 21세기 들어 국제사회에서는 북한 핵문제 못지 않게 미국의 핵정책에 대한 비판의 목소리가 높지만, 우리사회에서는 소수의 목소리에 머물고 있는 것은 이를 잘 보여주고 있다.

북핵 문제의 올바른 이해[85]

1990년을 전후해 미국과 소련 사이의 냉전이 해체되고 베를린 장벽의 붕괴를 계기로 유럽은 화해와 통합의 길을 걷게 되었다. 그러나 한반도는 정반대의 길을 걷게 되는데, 북한의 핵개발 의혹이 불거지면서 한국전쟁 이후 최대의 위기에 봉착하고 만 것이다. 1993~94년 1차 한반도 핵위기 당시에는 전쟁 발발 일보직전까지 가는 엄청난 위기가 있었다. 당시 미국은 북한이 국제원자력기구IAEA 사찰단을 추방하고 사용후 연료봉을 원자로에서 빼내어 재처리를 강행하면, 영변 핵시설을 폭격하는 방안을 검토했었다. 이에 대해 북한은 결사항전의 의지를 밝히면서 전쟁 위기는 급격히 고조되었다. 당시 전쟁이 발발했다면, 개전 3개월 동안 한국군 사상자 50만명, 민간인 사상자 수백만명, 미군 사상자 5~10만명 정도

85 북핵 문제를 비롯한 북미관계의 20년 최근 역사와 쟁점, 그리고 해법에 대해서는 박건영 · 정욱식, 『북핵, 그리고 그 이후』, (풀빛, 2007) 참조.

발생할 것이라고 미국 정부는 예측했다. 다행히 카터 전 미국 대통령의 중재에 힘입어 전쟁 위기는 대화 국면으로 전환되었고, 1994년 10월에는 북한의 핵포기와 미국의 정치적, 경제적, 안보적 상응조치를 골자로 하는 제네바 합의가 체결되었다.

제네바 합의에 따라 해결되었던 것으로 보였던 한반도 핵위기는 2001년 1월 대북 강경 성향의 부시 행정부가 출범하면서 위기에 직면하기 시작했다. 부시 행정부는 클린턴 행정부가 북한의 핵포기에 대해 반대급부를 제공한 것에 대해 "악행을 보상했다"며, 제네바 합의 파기 가능성을 암시했다. 그리고 2001년 12월에 작성한 핵태세검토NPR 보고서에서 북한을 핵선제 공격 대상에 포함시켰고, 2002년 1월에는 북한을 이란, 이라크와 함께 "악의 축"으로 규정했다. 이에 따라 북미관계는 다시 최악의 상태로 빠져들기 시작했고, 급기야 2002년 10월 고농축 우라늄HEU을 둘러싼 갈등이 폭발하면서 한반도는 2차 핵위기에 직면하게 되었다. 미국은 북한이 HEU를 이용해 비밀리에 핵개발을 하고 있었다며, 제네바 합의에 따라 제공하던 중유 지원을 중단했고, 이에 반발한 북한은 IAEA 사찰단을 추방하고 영변 핵시설을 재가동하기 시작했다.

악화일로를 걷던 북미관계는 2003년 8월부터 6자회담이 재개되면서 대화와 위기 국면을 오고갔다. 2005년 2월에는 북한이 미국이 또 다시 자신을 "폭정의 전초기지"로 지목한 것에 반발하면서 핵무기 보유를 선언했다. 그러나 그 해 5월부터 다시 대화가 재개되어 9월 19일에는 6자회담 공동성명을 채택해 북핵 문제 해결의 기본원칙에 합의하기도 했다. 그러나 미국은 북한이 위조지폐를 제조·유통하고 있다는 혐의를 가지고 북한에 금융제재를 가했고, 북한이 여기에 강력하게 반발하면서 9·19 공동성명은 이행되지 못했다. 그러자 북한은 2006년 7월에 탄도미사일을 시험발사한 데 이어 10월에는 최초로 핵실험까지 강행했다. 이에 미국은 유엔 안보리를 통한 대북 제재에 나서면서 한반도는 또다시 짙은 먹구름에 휩싸이게 되었다.

벼랑끝으로 치닫던 한반도 정세는 2006년 11월 들어 대화 분위기로 반전되기 시작했다. 북미간의 양자 접촉을 계기로 6자회담이 재개되었고, 대북 강경책으로 일관했던 부시 행정부는 북한과의 양자대화 수용 및 확실한 인센티브 제시 등 달라진 모습을 보여주었다. 그리고 북미 양측은 2007년 1월에 베를린에서 만나 영변 핵시설 폐쇄와 금융제재 해제 등에 합의했고, 이는 2·13 합의 및 10·3 합의로 이어졌다. 이들 합의에 따라 2008년 6월 26일에는 북한의 핵 프로그램 신고와 미국의 대북 테러지원국 해제 및 적성국 교역법 종료가 '동시 행동' 차원에서 이뤄졌고, 다음날 북한은 CNN이 생중계하는 가운데 영변 원자로의 냉각탑을 폭파하는 '대형 이벤트'도 선보였다. 이로써 북핵 협상은 북한의 핵무기 및 핵물질 폐기와 대북 경수로 제공 및 북미관계 정상화와 한반도 평화협정 체결을 논의하는 막바지에 이르고 있다. 아직 넘어야 할 산이 많이 남아 있지만, 북미관계에 신뢰가 구축되면서 이전까지 팽배했던 비관론을 뚫고 전화위복의 계기가 마련되고 있는 것이다.

이처럼 북핵 문제는 1990년대 이후 지난 20년 동안 한반도 문제의 최대 쟁점이 되어왔다. 그러나 북한의 핵문제는 북한의 핵무기 개발 시도, 즉 북한의 핵 위협 그 자체 못지 않게, 이를 둘러싼 북미간의 대결과 갈등이 위기의 실체가 되어 왔다고 할 수 있다. 내면적으로 갖고 있었던 북한의 핵무장 유혹이 현실화된 것은 냉전체제의 붕괴 및 북한의 고립화와 밀접한 관계를 갖고 있다. 북한이 1985년 소련의 요구로 핵확산금지조약NPT에 가입한 것에서 알 수 있듯이, 소련과 중국이라는 버팀목이 있을 때 북한은 핵무기를 가질 동기도 환경도 강하지 않았다. 남한이 미국의 핵우산에 있는 것처럼 북한 역시 소련이라는 든든한 동맹국이 있었고, 미국이 남한의 핵 보유를 용인하지 않았듯이 소련 역시 북한의 핵보유를 막았기 때문이다.

그러나 소련의 한국과의 국교 수립 및 뒤이은 소연방의 해체, 그리고 한중수교는 한반도 안보환경의 근본적인 변화를 가져왔다. 근본적인 안보환경의 변화에 직면한 북한은 내부적으로는 체제 결속을 다지고, 대외적으로는 남한, 미국, 일본, 유럽연합 등 국제사회와의 관계 개선을 통해 체제 생존을 모색하게 되었다. 이 과정에서 북한의 핵무기 카드는, 1970년대 닉슨 및 카터 행정부의 주한미군 점진적 철수 계획에 맞서 박정희 정권이 시도한 핵무기 및 미사일 개발과 흡사하게, 생존을 담보받는 군사적 의미를 갖는 동시에, 미국과의 관계 개선을 촉진시킬 수 있는 협상용 카드라는 의미를 갖게 된 것이다. 이러한 북한의 핵카드는 북한의 핵포기와 북미관계 정상화 및 대체 에너지 제공을 골자로 한 1994년 제네바 합의를 낳기도 했다.

그러나 이러한 북한의 생존전략은 부시 행정부 출범과 함께 높은 벽에 부딪치고 말았다. 생존을 위한 '기회의 창'이 될 것으로 믿었던 제네바 합의가 '배신의 늪'이 된 상황에서, 부시 행정부가 대북한 비타협주의를 고수하면서 북한을 "악의 축"으로 규정하고 핵무기 사용을 포함한 선제공격 대상에 포함시키고, 미국이 대량살상무기에 대한 명확한 증거도 없이 이라크 침략전쟁을 강행하는 모습을 보면서, 북한이 미국의 공격을 억제할 수 있는 핵무장의 유혹에 빠지는 것은 적어도 논리적으로는 자연스러운 일이다. 물론 이는 북한이 핵개발에 나서기를 잘했다는 의미가 아니라, 북핵 문제는 미국의 대북 핵위협을 비롯한 미국의 대북정책과 함께 이해해야 한다는 취지를 담고 있다.

6자회담이나 북미간 협상이 실패해 북한의 핵무장이 돌이킬 수 없는 상황이 될 경우, 그 파장은 대단히 클 수밖에 없다. 북한의 핵무장은 한반도 평화체제 구축과 평화통일 실현을 불가능하게 할 뿐만 아니라, 군사적 긴장을 크게 고조시키고 유사시 핵전쟁의 위험성까지 잉태하게 될 것이다. 특히 미국은 북한의 핵무기나 핵물질이 테러집단이나 다른 "깡패국가"들에게 이전되는 것을 막기 위해 강도 높은 대북 봉쇄와 제재에 나서게 될 것이고, 일본과 한국에서도 핵무장 여론이 높아지게 될 것이다. 이렇게 되면 한반도와 동북아는 핵무기라는 '절멸의 독'을 품은 전갈들로 가득한 땅이 되고 말 것이다. 이러한 맥락에서 볼 때, 북핵 문제를 평화적으로 해결해 한반도 비핵화를 달성하는 것은 한반도의 생사가 달린 문제라고 해도 과언이 아니다.

일본은 핵무장을 할 것인가?

핵의 미래와 관련해 또 한가지 지대한 관심사는 일본의 핵무장 여부이다. 1945년 피폭을 당한 일본은 핵비확산체제 강화를 대외정책의 핵심으로 삼아왔고, 국민들의 핵 거부감도 대단히 강하다. 이러한 일본이 핵무장을 선택하면, 한국의 핵무장론과 중국의 핵전력 강화를 낳고 이는 대만, 인도, 파키스탄 등으로 연쇄반응을 일으키면서 핵비확산체제는 종말을 재촉하게 될 것이다. 또한 과거의 기억을 되불러와 동아시아 전반에 걸쳐 '일본 제국주의 망령'이 되살리게 될 것이다. 그렇다면, 일본은 핵무장을 선택하게 될 것인가?[86]

---

86 일본의 핵무장 가능성과 그 파장에 대한 글로는 Emma Chanlett-Avery & Mary Beth Nikitin, "Japan's Nuclear future: Policy Debate, Prospects, and U.S Interests", CRS Report for Congress, May 9, 2008.

먼저 일본의 핵무장 가능성을 뒷받침하는 요인들부터 살펴보자. 일본의 재무장과 우경화라는 국내 정치적인 변화, 막강한 경제력과 최첨단 기술력, 플루토늄 재처리 시설을 비롯한 광범위한 원자력 기반 및 항공과 로켓 분야에서의 최첨단 기술력, 북핵 문제와 중국의 부상 등 안보 불안 요인 등은 일본의 핵무장을 '여부'가 아닌 '시점'의 문제로 받아들여지게 한다. 특히 2006년 10월 북한의 핵실험 직후 일본 내에서는 핵무장을 '논의'해야 한다는 목소리가 터져 나와 이러한 우려를 증폭시키고 있다.

더구나 평화헌법에 대한 일본 정부의 공식적인 해석은 헌법이 핵무장을 금지하지 않는다는 것이다. 평화헌법에 대한 일본 정부의 해석은 일본이 공격용 무기를 보유하는 것은 금지하고 있지만, 자위를 목적으로 하는 최소한의 무장은 허용한다는 것이고, 이에 따라 핵보유가 자위적 목적에 따라 이뤄지면 이는 헌법에 저촉되지 않는다는 것이다. 1971년 일본 의회가 통과시킨 비핵 3원칙(핵무기를 보유하지도, 만들지도, 반입하지도 않는다)도 법적 구속력이 없는 결의안이라는 점에서 일본의 핵무장을 막는 법적 근거라고 보기도 어려운 실정이다. 이를 뒷받침하듯 일본 정부는 비핵 3원칙에도 불구하고 핵무기가 탑재된 미국의 항공모함이나 잠수함이 일본항에 정박하는 것을 사실상 허용해왔다.

일본의 잠재적인 핵무장 능력도 상당하다. 2007년 현재 55개의 원자로를 보유한 일본은 세계 3위의 원자력 강국이다. 또한 우라늄 농축 시설과 재처리 시설을 보유하고 있어 독자적인 '핵 연료 주기'를 확보해 놓고 있다. 특히 일본은 엄청난 분량의 플루토늄을 보유하고 있는데, 2007년 세계핵분열 물질 보고서에 따르면 일본은 2005년에 50톤의 플루토늄을 보유하고 있고, 2020년에는 그 양이 70톤에 달할 전망이다.[87] 참고로 50톤의 플루토늄은 핵무기 1천개를 만들 수 있는 분량이다. 일본은 이 플루토늄 대부분을 영국과 프랑스의 재처리 시설로 보내, MOX 핵연료로 재활용해 사용하고 있다. 그러나 2008년부터 로카쇼무라 재처리 시설을 가동하기 시작해, 자체적인 재처리 능력을 대폭 강화하고 있다.

그러나 일본의 핵무장을 제약하는 요인들도 많다. 우선 일본은 세계 유일의 피폭 국가이고 핵무기를 제조, 보유, 도입하지 않겠다는 비핵 3원칙을 견지해왔으며, 핵 프로그램을 평화적 목적에 국한시켜야 한다는 원자력 기본법이 존재한다는 점에서 핵무장을 억제하는 규범적인 요인이 대단히 강하다. 또한 일본은 1976년 NPT에 가입했고, 1997년과 1998년에는 각각 포괄핵실험금지조약CTBT과 국제원자력기구IAEA 추가 의정서에 서명·비준했다. 무엇보다도 미국의 핵우산을 비롯한 미일동맹이 유지되는 한, 일본 자체적으로 핵무장에 나설 동기도 강하다고 보기 힘들다. 신뢰할만한 핵무기를 개발하기 위해서는 핵실험이 필요한데, 일본 내에서 실험 장소가 마땅치 않다는 것도 제약 요인이다.

이러한 현실을 반영하듯 일본의 독자적인 핵무장을 지지하는 여론은 대단히 낮다. 북한이 핵실험을 하기 전까지 핵무장에 대한 지지율은

87 Global Fissile Material Report 2007, http://www.fissilematerials.org

10% 안팎에 불과했고, 북핵 실험 한달 후에 실시된 요미우리신문의 여론조사에서도 지지율은 17.6%에 불과했다. 이는 핵무장 지지 여론이 50%를 넘다드는 한국과 비교할 때 대단히 낮은 수치라고 할 수 있다.

그렇다면 과거에는 어땠을까? 일본은 1960년 말~1970년 초와 1990년대 중반 핵무기 보유 여부를 검토한 바 있다. 1964년 중국이 핵실험에 성공하고 미국이 베트남 전쟁의 수렁에 빠지자, 일본 총리는 핵무기 개발의 득실을 따져보게 했다. 방위청 주도로 이뤄진 이 검토에서는 독자적인 핵무장이 일본의 국익에 도움이 되지 않는다는 결론에 도달했다.

1990년대 중반에는 보다 심도 깊은 논의가 있었다. 당시 1990년대 초반 북핵 문제가 터지고, 1995년 핵확산금지조약NPT 무기한 연장이 불확실해진 것이 주요 원인이었다. 또한 미일동맹이 약화될 조짐을 보였던 것 역시 주요 배경이다. 이에 따라 일본 관리와 군부는 (1)냉전의 해체가 미국과 러시아의 핵전략에 미치는 영향 (2)핵확산의 위험 점검 (3)미국의 핵우산 등 세 가지 문제를 집중적으로 토론하고 일본이 독자적인 핵무장을 추구할 때 발생하는 득실을 비교했다.

검토 결과는 미일동맹이 유지되는 한, 일본의 핵무장은 국익에 도움이 되지 않는다는 것이었고, 미일동맹과 핵비확산체제가 해체되는 “최악의 시나리오”에서도 핵무장은 득보다 실이 더 크다는 것이었다. 이러한 검토 결과가 나온 가장 큰 이유는 상대적으로 일본의 영토는 좁은 반면 인구는 많기 때문에 상호확증파괴MAD 전략을 채택하기 어렵고, 국제적 비난과 제재에 직면해 무역 위축 등 경제적 손실이 클 것이라는 판단에서 비롯되었다. 이러한 검토 결과는 일본이 1995년 NPT의 무기한 연장을 지지하고 미일동맹 정비 및 강화에 나서게 된 배경 가운데 하나였다.

결국 일본의 핵무장 여부는 이를 부추기는 변수와 억제하는 변수 사이에 어떤 조합을 이루느냐에 따라 결정되게 될 것이다.[88] 1차적인 변수는 역시 북핵 문제의 미래이다. 북핵 문제가 해결되어 한반도 비핵화가 달성되면, 일본 내 핵무장론도 약해질 것이다. 반면에 북한이 핵보유국이 될 경우 일본의 핵무장론도 높아지게 될 것이다. 또한 일본은 중국의 군비증강에도 흡사하게 반응할 것이다. 이에 따라, 북한의 핵보유 및 중일관계의 악화는 일본의 핵무장을 부추기는 조합이 될 것이고, 반대로 북핵 문제의 해결과 중일관계의 안정화는 일본의 핵무장을 억제하는 조합으로 작용할 것이다. 그리고 북핵 문제가 해결되었는데 중일관계가 악화되거나 그 반대의 경우에 일본의 핵무장론에 미칠 영향은 중간 정도가 될 것이다.

북핵과 중국 변수보다 더 중요한 변수는 역시 미일동맹이다. 핵우산을 비롯한 미일동맹이 유지되면 핵무장 동기는 약한 상태로 유지될 것이고, 핵우산 제거와 같은 미일동맹의 중대한 변화나 동맹 자체가 파기되면 일본 내 독자적인 핵무장론은 강하게 제기될 것이다.

---

88 일본의 핵무장 가능성과 관련해 국내외적 제약에 대한 최근 논문으로 Llewelyn Hughes, "Why Japan Will Not Go Nuclear Yet: International and Domestic Constraints on the Nuclearization of Japan," *International Security*, (2007 Summer) 참조.

일본의 안보 환경의 변화에 따라 일본의 핵무장 가능성을 정리해보면 다음과 같다. 첫째로, 일본이 핵무장을 선택할 가능성이 대단히 높은 조합은 북한의 핵보유+중일관계 악화+미일동맹의 파기이다. 그러나 이러한 조합이 나타날 가능성은 대단히 낮다. 북한이 핵무기를 보유하고 중일관계가 악화될 가능성은 있지만, 이러한 상황에서 미일동맹이 파기될 가능성은 거의 없기 때문이다. 둘째로, 첫번째 시나리오와 정반대의 조합을 생각해볼 수 있다. 즉, 북핵 문제가 해결되고 중일관계도 안정화되며 미일동맹도 유지될 경우, 일본이 핵무장에 나설 가능성은 거의 없다고 할 수 있다. 그러나 이 조합도 가능성이 높지는 않다. 북핵 문제가 해결되고 북미·북일관계가 정상화되면 미일동맹의 명분이 약해질 수 있는데, 그럼에도 불구하고 미일동맹이 강화되면 중국의 반발을 야기하면서 중국과 미일동맹 사이의 관계가 악화될 수 있기 때문이다.

결국 일본의 선택에 영향을 미치는 3가지 안보요인들, 즉 북핵 해결 여부, 중일관계, 미일동맹은 상호간의 복잡한 조합을 만들어내게 될 것이다. 가능성으로 볼 때에는 미일동맹은 유지되고 중일관계는 전반적인 불안 기조에서 벗어나지 못할 가능성이 높고, 북핵 문제의 해결 전망은 반반 정도라고 할 수 있다. 이에 따라 일본의 핵무장 가능성은 앞으로도 상당 기간 논의 수준에 머물게 될 전망이다.

북핵 문제가 해결되지 않을 경우 일본이나 미일동맹이 '일본의 핵무장 카드'를 꺼내들 가능성도 생각해볼 수 있다. 이는 일본의 핵무장 자체를 목적으로 하기보다는 일본의 핵무장에 가장 큰 경계심을 갖고 있는 한국과 중국을 압박해 대북 지원을 중단하고 북한에 대한 강압외교 노선에 동참하라는 지렛대로 활용될 수 있기 때문이다. 이와 관련해 2006년 10월 북한의 핵실험에 대한 일본의 반응은 두 가지 시사점을 준다. 첫째는 일부 정치인들이 핵무기 보유 문제를 '논의'해야 한다는 주장을 펴기도 했지만, 일반적으로 예상했던 것에 비해 일본의 핵무장론이 거세게 제기되지는 않았다는 점이다. 둘째는 그럼에도 불구하고 일본은 '핵 카드'를 사용했다는 점이다. 핵무장 논의에 대해 대다수 전문가들은 일본이 자체적으로 핵무장을 하기 위한 것이라기보다는 중국과 한국을 자극해 북한에 대한 압박을 높이고, 미국의 핵우산을 확실히 재확인 받으려는 동기에서 나왔다는 것이다.[89] 이 역시 두 가지 시사점을 준다. 하나는 일본의 핵무장론이 그리 심각하지 않을 수 있지만, 다른 하나는 일본이 외교적 목적으로 핵 카드를 사용할 수 있다는 것을 보여주었다는 것이다.

일본의 선택과 관련해 가장 중요한 변수는 역시 미국의 계산이다. 동맹국이자 핵비확산 체제에 가장 큰 영향력을 갖고 있는 미국의 반대가 커질수록 일본이 핵무장으로 나아가기란 더욱 어려워진다. 반면에 미국이 묵인하거나 소극적인 반대에 머물 경우, 일본의 핵무장 가능성은 그만큼 높아지게 된다. 일본의 핵무장에 대한 미국의 전략적 계산과 관련해 미국-인도 관계는 시사하는 바가 크다. 미국은 '강력한 인도'가

---

89 Hajime Izumi and Katsushisa Furukawa, "Not Going Nuclear: Japan's Response to North Korea's Nuclear Test," *Arms Control Today*, June 2007.

중국을 견제·봉쇄하는 데 필수적이라고 보고, 인도의 핵무장을 현실로 인정했을 뿐만 아니라 인도의 평화적 핵이용을 지원한다는 명분으로 핵협정까지 맺었다. 이와 마찬가지로 '핵보유국' 일본이 미국 주도의 동맹체제에 머물면서 중국을 견제하는 데 필요하다고 판단하면, 일본의 핵무장을 용인할 가능성을 배제할 수 없다.

그러나 미국이 이러한 선택을 할 가능성은 낮다. 미국의 묵인, 혹은 동조하에 핵무기를 개발한 이스라엘이나 인도는 NPT 비회원국이었다. 반면에 일본은 NPT 회원국이면서 IAEA 추가의정서에 서명까지 했다. 이러한 일본이 핵무장에 나서게 되면, 일본은 국제적인 비난과 제재에 직면하게 될 것이고, 이를 방조, 묵인하는 미국의 신뢰도와 정당성도 땅에 떨어지게 될 것이기 때문이다.

한국, 핵주권과 비확산의 충돌[90]

핵강대국에 둘러싸여 있는 한반도

북핵 문제가 해결되고 한반도 평화체제가 구축되면, 한반도는 핵공포에서 해방되는 것일까? 우리가 처한 현실과 미래의 불확실성은 이에 대한 답변이 결코 낙관적일 수만은 없다는 것을 보여준다. 지정학적으로 한반도는 5대 핵보유국 가운데 세 나라인 미국, 중국, 러시아와 잠재적인 핵강대국인 일본으로 둘러싸여 있다. 더구나 21세기 들어 동북아 전반에서 군비경쟁이 일어나고 있고, 여기에는 핵군비경쟁도 포함되어 있다.

이러한 현실은 한반도 핵문제를 보다 근본적인 차원에서 바라보게

90 이 부분은 졸저, 『동맹의 덫』(삼인, 2005), 61~68쪽의 내용을 대폭 보완한 것이다.

한다. 강대국에 둘러싸인 한반도의 지리적 위치로 인해 발생하는 '핵주권' 유혹과 북한이든, 남한이든, 그리고 통일코리아든 핵무장을 용인하지 않으려는 국제 비확산 체제 사이와의 충돌이 한반도 핵문제의 저변에 깔려 있기 때문이다. 이는 한반도 핵문제의 가장 구조적인 문제이기도 하다. 주변 4강 가운데 미국, 중국, 러시아 등 세 나라가 5대 핵 강대국에 포함되어 있고, 일본 역시 마음만 먹으면 수 년내에 수백기의 핵무기를 만들 수 있는 잠재적 핵 강대국이라는 점에서, 남한이든, 북한이든 "우리도 핵무기를 가져야 한다"는 생각은 어쩌면 자연스러운 것일 수도 있다. 일부에서 북한의 핵무장에 대해 옹호하거나 '통일코리아는 핵무장을 해야 한다'고 주장하는 것은 이러한 욕구의 반영이기도 하다.

핵무기와 관련된 여론조사를 보면 한국인의 잠재된 핵무장 욕구가 대단히 강하다는 것을 알 수 있다. 2005년 8월 동아일보가 실시한 광복 60주년 기념 여론조사를 보면 응답자의 53%가 핵무기 보유에 찬성한 것으로 나타났다. 또한 "핵무기를 가지면 다른 나라의 공격을 막아낼 수 있다"는 주장에 62%가 동의했고, "핵무기를 가지면 국제사회에서 더 강력한 정치적 영향력을 가질 수 있다"는 데도 63%가 그렇다고 대답했다. 또한 중앙일보가 북한의 핵실험 일주일 후인 2006년 10월 16일 실시한 여론조사에서는 응답자의 65%가, 동아시아연구원EAI 북한의 핵실험 2개월 후에 실시한 여론조사에서는 응답자의 64%가 한국도 핵무기를 보유해야 한다고 응답했다. 핵무기에 대한 긍정적인 사고가 상당히 팽배해 있다는 것을 확인할 수 있는 대목이다.

그러나 핵주권을 마음 한구석에 갖게 하는 한반도의 지정학적 환경은 동시에 남한이든, 북한이든, 통일코리아든 핵무기 보유를 불가능하게 만들거나, 핵무기 보유시 득보다는 실을 훨씬 크게 만드는 요인이 되고 있다. 이러한 핵주권에 대한 유혹과 비확산 체제의 강력한 견제 사이에서 만들어진 숙명과도 같은 딜레마는 과거와 현재는 물론, 미래에도 쉽게 떨쳐버릴 수 없는 문제이다.

실제로 한반도에서 핵주권과 비확산 사이의 충돌 사례는 미래의 문제에 있어서도 중요한 시사점을 주고 있다. 1960년대 후반 미국의 닉슨 행정부의 "아시아의 방위는 아시아 국가 스스로"라는 독트린 발표 및 주한미군의 일부 철수, 주한미군 철수를 공약으로 내세운 카터 행정부의 등장 등은 당시 박정희 정권으로 하여금 자주국방 차원에서 '율곡사업'과 함께 비밀리에 핵무기 및 미사일 개발을 시도하게 만든 중요한 요인이었다. 이러한 남한 내 독자적인 핵무장 계획은 미국의 강력한 견제와 군사쿠데타로 집권한 전두환 정권이 레이건 행정부로부터 안보 공약과 정권 승인을 확약 받으면서 철회되었다. 이는 한반도에서의 냉전구조가 해체되지 않은 상태에서 미국의 대한국 안보공약이 약화되면 '자주국방' 차원에서 남한의 핵주권론이 부상할 수 있다는 중요한 사례라고 할 수 있다.

남한이든, 북한이든, 통일코리아든 미래에도 핵주권론이 부상할 가능성도 충분히 있다. 미국의 위협이 계속되는 한 북한의 핵무장 유혹은 강해질 수밖에 없고, 이것이 현실화될 경우 핵도미노 현상에서 중장기적으로 남한도 예외가 되기는 쉽지 않다. 또한 박정희 정권이 보여주듯 한반도와 동북아의 안보환경이 개선되지 않은 상태에서의 주한미군의 철수 등 미국의 대한국 안보공약이 크게 약화되면 남한 내에서 '핵주권론'이 불거질 가능성도 높다. 또한 미국의 주도하에 추진되고 있는 한-미-일 삼각 미사일방어체제MD가 현실화될 경우 중국의 대대적인 핵전력 증강과 이에 맞선 일본 내 핵무장론의 부상도 한국 민족주의를 자극하면서 '핵주권'을 부상시키는 중대한 요인이 될 가능성도 있다.

요약하자면, 핵주권과 비확산의 충돌로 야기되어온 한반도에서의 핵문제는 단순히 과거와 현재의 문제일 뿐만 아니라, 미래의 문제이기도 하다. 이러한 점에서 2004년 9월 불거진 남한의 과거 핵실험 논란은 핵주권과 비확산 사이의 고도의 긴장관계가 있다는 것을 보여준 사례라고 할 수 있다. 한국이 연구용 목적으로 추출한 핵물질은 무기 제조용으로는 턱없이 부족하지만, 이를 IAEA에 신고하지 않았다는 이유로 국제사회는 북한뿐만 아니라 한국도 핵무장에 나서는 것이 아니냐는 강한 의구심을 나타낸 바 있기 때문이다.[91]

핵우산과 핵무장, 한국의 대안이 될 수 있나?

그렇다면, 핵주권과 비확산이 충돌하면서 만들어져온 숙명과도 같은

91 남한의 핵실험 논란에 대한 상세한 내용은 강정민, 「한국의 핵물질 실험」, 『정세와 정책』, 2004년 11월호, 참조.

딜레마를 어떻게 해결해야 하는가? 지금까지 그래왔듯이 미국의 핵우산 아래에 계속 남는 것이 21세기에도 대안이 될 수 있을까? 아니면 일부에서 주장하고 있는 것처럼, 우리도 핵무기 개발 카드를 가져야 할 것인가? '편승'과 '주권'으로 대변되는 이러한 상반된 모습 속에는, 기실 둘 모두 핵무기를 안보의 수단으로 삼고 있는 '핵무기주의'를 모태로 삼고 있는 것은 아닐까?

냉전 시대에 북한이 핵강대국인 소련, 중국과 동맹관계를 맺고 있을 때, 남한이 미국의 핵우산 아래에 들어가는 것은 불가피한 측면이 있었다. 세계적 수준의 탈냉전이 이뤄지고 소련-중국-북한 사이의 동아시아 사회주의 동맹도 역사 속으로 사라진 이후에도, 북한의 남침을 억제한다는 이유로 미국의 핵우산이 지속되어온 것 역시 존재하는 현실이다. 그렇다면 이미 1990년대 초 한중, 한러 수교가 채결된 데 이어, 북한의 남침을 더 이상 우려하지 않아도 되는 평화체제가 구축된 이후에도 미국의 핵우산은 우리에게 필요한 것이라고 할 수 있을까? 핵우산의 지속 명분으로 제시되고 있는 '미래의 불확실성'은 오히려 탈냉전 시대에도 미국의 핵우산이라는 '냉전시대 관습'에 얽매임으로써 더 불확실해지고 있는 것은 아닐까?

적어도 냉전이 해체되고 소련 및 중국과 수교를 맺은 이후, 이들 국가로부터 핵공격을 당할 것이라는 두려움은 사라졌다고 볼 수 있다. 북한과의 화해협력과 평화체제 구축 노력이 성과를 거두면, 1950년대 후반부터 북한의 남침에 '대량으로 보복하기 위해' 씌어진 미국의 핵우산도 명분을 잃게 된다. 이러한 맥락에서 한반도 평화체제 구축이후 미국의 핵우산과 MD를 포함한 미국의 안보공약은 도마 위에 오르게 될 것이다. '도대체 누구의 핵공격을 막기 위해 핵우산과 미사일방어체제MD가 필요한가'라는 근본적인 의문이 제기될 것이기 때문이다.

그렇다고 한국의 핵무장이 대안이 될 수 있는 것도 아니다. 북한의 사례가 보여주듯 국제비확산 체제에서 발을 빼 핵무장을 추진하는 것은 엄청난 경제적, 안보적, 정치적 부담을 감수해야 한다. 또한 일부에서 주장한 것처럼, 단시간 내에 핵무기를 만드는 것도 불가능하다. 북한의 핵실험 직후 한 언론은 정부 관계자의 말을 인용해, "우리도 3개월이면 핵무기를 만들 수 있다"고 보도한 바 있다.[92] 그러나 이는 상당히 과장된 것이다.

핵무기를 만들기 위해서는 플루토늄이나 고농축 우라늄 등 핵물질을 획득해야 하는데, 한국은 이들 핵물질을 생산하기 위해 필요한 재처리 시설이나 우라늄 농축 시설이 없다. 이들 시설의 보유는 한반도 비핵화 선언에 따라 금지되어 있을 뿐만 아니라, 한미 원자력 협력 협정에 따라 미국의 동의가 있지 않으면 건설이 불가능하다. 또한 21세기 들어 국제사회에서 플루토늄과 농축 우라늄 등 핵물질의 확산을 막는 데에 상당한 심혈을 기울이고 있다는 점도 고려되어야 한다. 특히 한국은 NPT 회원국이자 IAEA 추가의정서 비준국이기 때문에, IAEA의 철저한

---

92 『한겨레』, 2006년 10월 21일.

감시 하에서 핵활동을 하고 있어 비밀리에 핵무기를 개발하는 것이 불가능하다. 또한 2부에서 살펴본 것처럼 한국의 기술력 역시 조기에 핵무기 개발에 성공할 수 있는 수준이 아니다.

무엇보다도 한국의 핵무장 시도는 강력한 국제사회의 제재에 직면하게 될 것이다. 무역 의존도가 20% 정도인 일본도 핵무장을 시도할 경우 경제에 막대한 지장이 있을 것이라는 우려 때문에, 핵무장의 득보다 실이 훨씬 크다고 판단하고 있다. 그런데 한국의 무역 의존도는 70%에 달한다. '핵무기를 가지려다가 쪽박 차는 신세'로 전락할 수 있는 것이다. 더구나 한국이 핵개발에 나설 경우 북한의 강력한 반발에 직면하게 될 것이고, 북한이든, 남한이든, 통일코리아든 한반도의 '비핵화'를 사활적인 이해관계로 보고 있는 주변 4강 역시 한국에 대한 견제에 나설 것이다.

안보적인 관점에서 보더라도 한국의 핵무장은 대안이 될 수 없다. 한국은 영토가 좁고 인구 밀도가 높기 때문에, 핵무기의 분산 배치가 어렵고 은폐하기도 쉽지 않다. 또한 수백-수천개의 핵무기를 갖고 있는 미국, 러시아, 중국은 물론이고 수년 이내에 수백개의 핵무기를 제조할 능력을 갖고 있는 일본에 비해 양적으로 한참 뒤쳐질 수밖에 없다. 이는 핵 억제력의 핵심인 '제2의 공격 능력'을 확보하는 것이 불가능하다는 것을 의미한다. 오히려 한국이 핵무장을 선택해 주변 강대국을 상대로 핵군비경쟁을 벌이는 것은 안보딜레마만 심화시켜 줄뿐이다.

일부에서는 이스라엘, 인도, 파키스탄이 핵개발에 성공했으나, 이들 나라가 강력한 제재나 국제적 고립을 처하지 않았다는 점을 들어 한국의 핵무장도 가능하지 않겠느냐는 의견을 피력하기도 한다. 그러나 한국과 이들 나라는 근본적인 맥락이 다르다. 이들 세 나라는 NPT 회원국이 아닌 반면에 한국은 IAEA의 상시적인 사찰을 받는 NPT 회원국이다. 이는 한국이 비밀리에 핵무기를 개발하는 것이 불가능하고, 핵개발에 나서기 위해서는 NPT를 탈퇴하고 IAEA 사찰단을 추방해야 한다는 것을 의미한다. 물론 이러한 행동은 유엔 안보리를 비롯한 국제사회의 강력한 제재를 수반하게 된다.

대안은 무엇인가?

이렇듯 숙명처럼 지워진 핵주권과 비확산 사이의 딜레마를 풀기 위해서는 창조적이면서도 적극적인 대안을 모색할 필요가 있다. 어느 강대국의 핵우산에 의존하는 것도 아니고, 그렇다고 자체적인 핵무장도 아닌, 제3의 대안을 통해 핵 강대국으로부터 안전을 보장받을 수 있는 길을 찾아야 한다는 것이다. 그리고 그 길은 핵확산금지조약NPT에 명시된 것처럼 모든 핵무기의 궁극적인 해체를 위해 외교적인 노력을 경주하되, 과도적인 장치로 동북아 비핵지대를 추진하는 것이 되어야 할 것이다. 물론 이를 위한 전제조건은 북핵 문제의 해결 및 북미 적대관계 종식을 통한 한반도 비핵화 달성이지만, 동북아 비핵지대에 대한 제안과 논의는 가능한 빨리 하는 것이 바람직하다.

기실 21세기 초입에 불거진 이른바 '제2의 북핵 위기'는 우리가 핵무기 문제를 본질적인 차원에서 이해하고 문제를 제기할 수 있는 기회이기도 하다. '한반도 비핵화'를 요구하고 있는 주변국가들을 비롯한 국제사회에, '비핵화된 한반도'는 어떻게 핵보유국으로부터 안전을 확보할 수 있을 것인가를 되물을 필요가 있다는 것이다. 이는 단순히 한반도 특수성에 머무는 것이 아니라, 동북아와 세계를 핵무기의 위협으로부터 해방시키기 위한 보편적 가치의 실현과도 직결된 것이다. 그리고 동북아 6개국이 참여한 6자회담은 이를 제기할 수 있는 중요한 공간이기도 하다.

동북아 비핵지대가 이상론처럼 들릴 수도 있지만, 제3부에서 살펴본 것처럼, 지구 면적의 절반 이상이 비핵지대로서의 지위를 획득했다.[93] 물론 동북아 지역이 다른 지역에 비해 비핵지대 창설에 제한이 따를 수 있지만, '비관적 현실주의'에 매몰돼 한반도의 핵 딜레마 해소와 동북아 공동안보 증진을 위한 중요한 주춧돌을 놓으려는 시도조차 하지 않는 것은 분명 문제가 있다. 특히 21세기 들어 전세계적으로 핵비확산 문제가 중요한 이슈로 제기되고 있고, 그 중심에 한반도가 있는 상황에서 우리가 적극적으로 동북아 비핵지대를 제안하는 것은 한반도 평화의 국제적 지지와 협력을 확보할 수 있는 유력한 근거이기도 하다.

또한 동북아 비핵지대에 대한 현실적인 방안이 없는 것도 아니

---

93 비핵지대의 의미와 의의, 그리고 현황에 대해서는 이삼성·정욱식 외 지음, 한반도의 선택-부시의 MD 구상, 무엇을 노리나, 도서출판 삼인, 2001년; 평화네트워크 홈페이지(www.peacekorea.org) [비핵지대]란 참조.

다. 북핵 문제가 해결되면 동북아 6개국 가운데, 남북한과 일본은 비핵국가로 남게 된다. 따라서 이들 세 나라가 비핵지대화 조약을 체결하고, 미국, 중국, 러시아 등 핵보유국이 비핵국가에 대해 핵무기 사용 및 사용 위협을 하지 않겠다는 의정서protocal에 서명하는 방식으로[94] 동북아 비핵지대화를 향한 의미있는 첫발을 내딛을 수 있도록 노력해야 할 것이다. 또한 동북아 비핵지대 조약 본문 및 의정서에 핵보유국이 지대 내에 핵무기의 일시 통과나 기항도 금지하고, 핵보유국간에 핵무기 선제 불사용no first use도 포함시킴으로써, 비핵지대의 완전성을 기하도록 노력해야 할 것이다. 공교롭게도 6자회담에는 이들 6개국이 모두 참여하고 있어, 북미 갈등 해소를 위해 마련된 6자회담은 동북아 비핵지대를 공론화할 수 있는 좋은 기회이기도 하다.

이와 함께, 한국은 핵전쟁의 위험성을 줄이고 궁극적으로 핵무기 없는 세상을 만들기 위한 국제사회의 노력에 적극 동참할 필요가 있다. 2010년 NPT 검토 회의를 앞두고 국제사회에서는 소극적 안전보장NSA의 법제화, 핵 선제 불사용 조약 체결, 중동과 동북아 등 민감 지역에서의 비핵지대 추진, 핵보유국의 핵무기 폐기 시한 설정, 핵분열 물질의 통제, 전면적인 핵실험 금지 등 지금까지 이렇다 할 성과를 거두지 못한 의제들을 집중적으로 제기할 움직임을 보이고 있다. 그동안 미국의 그늘에 가려 핵비확산과 핵군축 분야에서 거의 역할을 하지 못했던

94 이에 대한 구체적인 내용은 우메바야시 히로미치, 현존하는 비핵지대와 동북아 비핵지대, 위의 책 305~320쪽 참조.

한국 정부 역시 이러한 국제사회의 움직임에 동참해야 할 것이다. 일례로 1998년 6월에 구성된 '새로운 의제 그룹New Agenda Group'에 참여하는 방안을 고려할 수 있을 것이다. 이 그룹은 뉴질랜드, 브라질, 멕시코, 이집트, 스웨덴 등이 주도하고 있는데, 위에서 언급한 의제들을 실현하기 위해 다자간 외교에 적극 나서고 있다.

정부의 비핵 외교가 전향적으로 바뀌고 실효를 거두기 위해서는 국회와 시민사회의 역할도 중요하다. 편협한 국익이나 정권의 이익에 매몰되기 쉽고, 미국 등 강대국과의 관계를 의식하지 않을 수 없는 정부가 보편적 가치에 기반을 둔 과감한 비핵 외교를 전개하기란 쉽지 않다. 바로 여기에 국회와 시민사회의 효과적인 압력과 협력이 뒷받침되어야 할 이유가 있다. 또한 핵문제에 관한 국제무대의 행위자는 정부에 국한된 것이 아니라, 국회와 시민사회도 광범위하게 참여하고 주도권을 행사할 수 있는 기반이 갖추어져 있다. 가령, 핵군축의원네트워크Parliamentary Network for Nuclear Disarmament에는 전세계 70여개국 500여명의 의원들이 참여하고 있다.[95] 한국의 일부 의원들도 여기에 참여하고 있지만, 보다 적극적인 참여와 역할이 요구되고 있다.

국제시민사회 수준에서도 대단히 광범위하고 다양한 활동 공간이 존재하는 반면에, 한국 시민사회의 참여 수준은 대단히 낮은 현실이다. 북핵 문제 재발을 계기로 국제연대가 활성화되고, 동북아 비핵지대를

95 이 단체에 대한 자세한 내용은 http://www.pnnd.org 참조.

의제화하는 등 일부 성과가 나타나고 있지만, 아직 부족한 현실이다. 핵문제를 보다 집중적이고 대중적으로 다룰 수 있는 단체들이 생겨나고, NPT 등 국제회의의 적극적인 참가, 국제시민단체들과의 인적 교류 및 공동 사업의 확대, 한국 내에서 반핵평화교육의 실시 등을 통해 한국 시민사회도 "핵무기 없는 세상"을 만드는 데 적극적인 역할을 모색해야 할 시점인 것이다.

• 평화네트워크

http://www.peacekorea.org 본 책의 저자가 대표로 있는 단체로, 북핵 문제를 비롯한 핵무기, 미사일, 미사일방어체제MD 등에 대해 우리말로 된 분석과 정책 자료가 풍부하게 있다.

• 참여연대 평화군축센터

http://blog.peoplepower21.org/Peace 북핵 문제와 비핵화에 대한 언론 보도와 분석, 그리고 참여연대의 입장 등이 수록되어 있다.

• Nuclear File

http://www.nuclearfiles.org/ 미국의 NGO인 핵시대평화재단에서 운영하는 웹사이트로, 핵무기 교육 관련 자료들이 풍부하다. 반핵 교육에 관심 있는 사람에게 대단히 유용하다.

• 군비통제연합Arms Control Association

http://www.armscontrol.org 미국의 안보전문 싱크탱크로 핵무기를 비롯한 각종 군비통제 조약문, 분석, 일지, 인터뷰 등이 있다. 전문적인 연구자에게 유용하다.

• 핵과학자협회보Bulletin of Atomic Scientists

http://www.thebulletin.org 전세계의 저명한 과학자들이 참여해 발간하는 핵무기 전문 잡지이다. 전문적인 연구자에게 유용하다.

• 핵비확산연구센터Center for Nonproliferation Studies

http://www.miis.edu 미국 몬테레이 연구소에서 운영하는 비확산 전문 연구기관으로 핵무기와 관련된 각종 자료들이 수록되어 있다.

• 히로시마 평화박물관Hiroshima Peace Museum

http://www.pcf.city.hiroshima.jp/top_e.html 원폭 투하 및 핵무기와 관련해 다양한 영상 자료와 교육 자료를 제공하고 있다.

• Reaching Critical Will

http:// www.reachingcriticalwill.org 평화와 자유를 위한 국제여성연맹WILPF이 운영하는 웹사이트로 유엔을 중심으로 핵군축 활동에 NGO가 적극 참여하는 데 목적을 두고 있다. 반핵 관련 국제 NGO 활동에 대한 자료가 풍부하다.

• 핵정보 프로젝트

http://www.nukestrat.com 미국의 저명한 핵전무가인 한스 크리스텐센이 운영하는 웹사이트로 주로 미국의 비밀해제문서 및 정보공개법에 따라 입수한 문서를 통해 미국 핵정책의 문제점을 고발하는 사이트이다.

• 핵위협 그상

http://www.nti.org CNN 회장 출신인 테드 터너와 상원의원 샘 넌이 대표로 있는 단체로, 핵무기, 미사일, 생화학무기에 대해 풍부한 자료를 수록하고 있다. 전문가는 물론이고 일반인도 이용할 수 있는 자료들이 많다.

※ 아래의 일지는 미국 국방부와 반핵단체인 핵위협구상NTI: Nuclear Threat Initiative, 그리고 핵시대 평화재단 자료를 바탕으로 작성한 것입니다. 아울러 미국 자료를 바탕으로 작성한 것이어서, 날짜는 미국 동부 시간 기준임을 밝혀둡니다.

1939년 8월: 알버트 아인슈타인, 미국 루즈벨트 대통령에게 독일의 핵폭탄 개발 계획을 담은 서신 발송. 루즈벨트 원자력의 군사적 함미를 조사할 특별위원회 구성.

1942년 8월 13일: 맨하튼 프로젝트Manhattan Project 시작

1943년 3월: 핵폭발 장치 개발을 담당하는 로스 알라모스 국립연구소Los Alamos National Laboratory 뉴멕시코에 설립

1945년 7월 16일: 미국, 뉴멕시코의 미군 폭격장에서 인류 최초의 핵실험 실시

1945년 8월 6일: 꼬마Little Boy 히로시마에 투하

1945년 8월 9일: 뚱보Fat Man 나가사키에 투하

1946년 3월 21일: 미국 대륙공군Continental Air Forces 전략공군사령부Strategic Air Command로 개편

1946년 6월 14일: 미국, 자신의 핵무기를 포함한 모든 핵물질을 독립적인 국제기구의 관리하에 두는 '바루크 플랜Baruch Plan' 제안. 소련의 검증절차에 대한 이견 제시로 협상 결렬.

1946년 7월 20일: 미국, 핵무기 개발 활동을 군부에서 민간 원자력위원회로 이관하는 '1946년 원자력법Atomic Engergy Act of 1946 의회 통과

1948년 9월 16일: 트루먼 대통령, "전시에 핵무기의 이용에 관한 결정은 최고사령관(대통령)에 있다"는 NSC-30에 서명

1949년 중반: 미국, 핵무기 탑재 B-29 영국에 배치

1949년 4월 4일: 북대서양조약기구NATO: North Atlantic Treaty Organization 창설

1949년 8월 29일: 소련, 최초의 핵무기인 JOE-1 실험 성공.

1950년: NSC-68, "소련의 핵위협이 예상했던 것보다 더 심각하다"며, 미국은 소련에 대해 전략적 우위를 유지해야 한다고 촉구

1950년 1월 31일: 트루먼, 수소폭탄 개발 승인

1950년 6월 25일: 한국전쟁 발발

1952년: 로렌스 리버모어 국립연구소Lawrence Livermore National Laboratory 캘리포니아에 설립

1952년: 핵대포인 W9 핵무기 실전배치

1952년 10월 3일: 영국 핵실험

1952년 11월 1일: 미국 최초의 수소폭탄 장치 폭발 실험.

1953년 후반: 한반도 정전협정 이후 미국 국무장관은 핵무기를 투하할 수 있는 군사 장비를 한국에 배치했고, 중국도 이를 알고 있다고 발표

1953년 8월 12일: 소련, 최초의 수소폭탄 장치 실험

1953년 10월: 아이젠하워 대통령, 재래식 군사력을 줄이는 대신에 핵무기에 대한 의존도를 높일 것을 권고한 NSC-162/2 승인

1953년 12월 8일: 아이젠하워, 특정 핵분열 물질을 보관하고 이를 평화적으로 이용하는 것을 추진하는 국제원자력기구IAEA의 창설을 포함한 "평화를 위한 원자력Atoms for Peace" 연설

1954년: 미국, 미사일에 장착할 수 있는 최초의 소형 핵탄두인 Mk-12 배치

1954년 1월 21일: 최초의 핵추진 항공모함인 노틸러스SSN 571 실전배치. 1980년

3월 3일 퇴역

1955년 9월 16일: 소련 최초의 잠수함발사탄도미사일SLBM 발사. SS-1B의 사거리는 80마일이고, 수중이 아니라 표면에서 발사됨. 잠수함에 장착되는 미사일은 2기

1955년 11월 22일: 소련, 최초로 무기화된 수소폭탄 실험. 폭발규모는 1.6 Mt

1957년 5월 23일: 나토 군사위원회, 소련의 침공시 신속하게 핵무기로 대응한다는 "대량보복Massive Retaliation" 전략 채택

1957년 9월 19일: 미국 최초로 지하 핵실험 실시

1957년 10월 4일: 소련, 최초의 인공위성인 스푸트니크 발사

1957년 12월: 나토 군사위원회, 아이젠하워에게 미군이 아닌 나토군도 핵무기 사용할 수 있도록 요청

1958년 4월: 영국, 최초로 수소폭탄 실험.

1958년 9월: 미국 공개적으로 대만해협에 있는 진먼섬과 마쭈섬을 보호하기 위해 중국에 핵무기 사용 가능 언급

1958년 10월 31일: 미국 영국 소련, 포괄핵실험금지에 관한 협상 개시

1959년 7월 30일: 영국, 포괄핵실험금지 협상 기간 동안 핵실험 중단 발표

1959년 8월 26일: 미국, 핵실험 중단 유지 선언

1959년 8월 28일: 소련, 미국과 영국이 핵실험을 하지 않는 동안 자신도 하지 않겠다고 선언

1960년: 케네디 대통령, 강력한 핵 능력을 유지하면서 재래식 군사력 옵션을 최대화한다는 "유연 대응Flexible Response" 전략 개발

1960년 2월: 프랑스, 첫 핵실험 실시

1960년 7월: 미국, 최초로 수중 잠수함발사탄도미사일 실험

1961년 4월 18일: 소련, 미국과 영국의 포괄핵실험금지조약 초안 거부

1961년 7월 23일: 남극조약Antarctic Treaty 발효

1961년 8월 13일: 베를린 장벽 설치

1961년 8월 30일: 소련, 프랑스의 핵실험과 베를린 위기를 이유로 핵실험 재개 의사 천명

1961년 9월 1일: 소련, 2년여만에 핵실험 재개

1961년 9월 1일: 미국, 지하핵실험 재개

1961년 10월 30일: 소련, 최대 규모의 핵실험 실시. 폭발규모 57메가톤

1962년 4월 25일: 미국, 대기권 핵실험 재개

1962년 10월 14일: 미국 정찰기, 쿠바에 소련 핵미사일 기지 건설 포착. 쿠바 미사일 위기 도래

1962년 10월 28일: 소련 후루시초프 서기장, 케네디에게 쿠바 배치 미사일 철수 통보

1963년 6월 20일: 미국과 소련, 우발과 오산에 의한 전쟁 위험성을 줄이기 위해 핫라인 설치 양해각서 채택

1963년 8월 5일: 대기권, 우주, 수중에서 핵실험을 금지하는 제한실험금조조약 Limited Test Ban Treaty 서명

1964년 8월 17일: 미 국방장관, 전폭기와 대륙간탄도미사일에 있어서 미국이 소련보다 4배 우수한 전력 보유 발표

1964년 10월 15일: 중국, 첫 핵실험 실시

1967년 1월 27일: 우주에 핵무기를 비롯한 대량살상무기 배치를 금지하는 우주의 평화적 이용에 관한 조약Outer Space Treaty 체결

1967년 2월 14일: 라틴아메리카 핵무기 금지조약 서명. 일명 틀라텔로코 조약.

1967년 6월 1일: 중국, 최초로 수소폭탄 실험

1968년 1월 16일: 나토 군사위원회, 동맹의 핵억제 정책의 기초로 "유연 대응Flexible Response" 채택

1968년 7월 1일: 핵확산금지조약NPT 서명 개시

1968년 8월 24일: 프랑스, 첫 수소폭탄 실험 실시

1971년 5월 8일: 미국, 틀라텔로코 조약 추가의정서 II 비준

1971년 9월 30일: 미국과 소련, 핵전쟁위험감소조치 협약Accident Measures Agreement 체결

1972년 5월 26일: 미국과 소련, 전략무기제한협정SALT I: The Strategic Arms Limitation Treaty 잠정 협정과 탄도미사일방어ABM: Anti-Ballistic Missile 서명

1973년 6월 22일: 미소간의 핵전쟁 예방 협정 서명 및 발효. 이 협정에 따라 양국은 핵전쟁 및 핵무기 사용의 위험성을 줄이는 정책을 추구하기로 함

1974년 5월 18일: 인도, 최초로 핵실험 실시

1974년 7월 3일: 미국과 소련, 핵실험상한조약Threshold Test Ban Treaty 및 ABM 조약 의정서 서명. 전자에 따라 미국과 소련은 핵실험 규모를 150킬로톤으로 제한하기로 했고, 후자에 따라 ABM 배치 지역을 두 곳에서 한 곳으로 줄이기로 함

1976년 5월 28일: 평화적 목적의 지하 핵실험에 관한 조약Peaceful Nuclear Explosions Treaty 체결. 이 조약에 따라 미소 양국은 굴착과 같은 평화적 목적 이외에 지하 핵실험을 금지하기로 함

1977년 9월 21일: 15개의 주요 핵공급 국가들이 민감한 핵 시설과 물질의 확산을 제한하기 위한 공동의 기준 마련

1978년 6월 12일: 카터 행정부 "NPT에 가입한 비핵국가나 핵폭발 장치를

획득하지 않겠다는 국제법적으로 구속력이 있는 약속을 한 나라에 대해 핵무기를 사용하지 않을 것"이라고는 소극적 안전보장NSA 선언

1979년: 중국 최초의 대륙간탄도미사일인 DF-5 시험 발사

1979년 3월 28일: 쓰리마일섬Three Mile Island 핵 발전소에서 사고 발생. 핵발전소의 안전성에 대한 우려 증폭

1979년 6월 18일: 전략무기제한협정SALT II Treaty 서명. 그러나 발효는 되지 않음

1980년 3월 3일: 핵물질보호협약Convention on the Physical Protection of Nuclear Material 서명. 이 협약에 따라 핵물질의 운송에 대한 보호 방안과 도난당한 핵물질의 보호, 회복, 반환에 대한 협력 절차 마련

1980년 7월 25일: 대통령 명령PD-59, 핵전력 획득 및 교전 수칙을 단일통합작전계획SIOP로 통합하고 유사시 소련의 전략 목표물을 공격하기 위한 군사적 옵션을 정하는 "상쇄 전략Countervailing Strategy" 채택

1980년 가을: 미국과 소련, 중거리핵미사일폐기INF 협의를 위한 예비회담 개시

1981년 6월 7일: 이스라엘 전투기, 이라크의 오시락 원자로 공격

1983년 3월 23일: 레이건 대통령, 소련의 핵무기 공격으로부터 미국과 동맹국을 방어한다는 전략방위구상SDI: Strategic Defense Initiative 발표

1985년 8월 6일: 남태평양 포럼, 라로통가 조약 서명 개시

1986년 4월 26일: 체르노빌 원자력 발전소 방사능 유출 사고 발생

1986년 10월: 레이건과 고르바초프 아이슬랜드 레이캬비크 회동. 10년 이내에 모든 탄도미사일과 모든 핵무기의 폐기를 논의했으나, 미국의 SDI에 대한 이견으로 합의 도출 실패

1987년 9월 15일: 미소 양국 수도에 핵위험감소센터Nuclear Risk Reduction Centers 설치. 핵무기와 관련된 사고나 개발에 관해 양국의 의사소통

강화

1987년 12월 8일: 중단거리미사일폐기협정INF Treaty 체결. 1988년 6월 1일부터 발효된 이 조약에 따라 양국은 사거리 500~5000km 사이의 지상발사 탄도미사일 및 순항 미사일을 폐기하기로 함. 이 조약은 특정 종류의 모든 무기를 폐기하고 강도 높은 검증 장치를 포함한 최초의 군비통제 조약임

1989년 11월 9일: 베를린 장벽 붕괴

1990년 10월 3일: 독일 통일

1991년 1월 29일: 부시 대통령, 전략방위구상SDI 프로그램을 제한적 방위 구상으로 대체.

1991년 2월 11일: 고르바초프, 1991년 4월 1일부로 바르샤바 조약 기구 해체 통보

1991년 3월 27일: 미국 유럽에서 중단거리 미사일 철수

1991년 7월 31일: 1차 전략무기감축협정START I : Strategic Arms Reduction Treaty 서명. 미소 양국은 핵탄두 수를 6천개로 줄이고, 발사체는 1600개로 제한하기로 합의

1991년 9월 27일: 부시 "대통령 핵구상" 발표. 주요 내용은 지상발사 전역 핵무기 폐기, 함정, 공격형 잠수함 등에서 핵무기 제거, 전략폭격기 비상조치 해제 등. 또한 MIRV 대륙간탄도미사일을 상호간에 폐기하는 협정을 개시하자고 소련에 제안

1991년 10월 5일: 부시의 구상에 호응해 고르바초프도 핵군축 단행 선언

1991년 10월 26일: 옐친 러시아 대통령, 핵실험 중지 1년 연장 발표

1991년 12월: 남북한, 한반도 비핵화 선언 채택

1991년 12월 8일: 러시아, 벨로루시, 우크라이나, 소연방 해체하고 독립국가연합

창설

1991년 12월 12일: 넌-루거 법안 통과. 미국, 구소련 국가들의 핵무기, 화학무기, 생물무기 폐기 지원

1992년 1월 29일: 부시, 미국-독립국가연합 지상 배치 MIRV 대륙간탄도미사일 폐기를 포함해 전략 핵무기 보유수를 4700개로 감축하자고 제안. 옐친, 2500개로 감축하자고 수정 제안

1992년 2월 8일: 파키스탄, 핵무기 제조 능력 보유 시인

1992년 3월 9일: 중국, NPT 가입

1992년 4월 8일: 프랑스, 연내 핵실험 중지 선언

1992년 5월: 러시아, 우크라이나를 비롯한 구소련 국가들의 모든 전술핵무기, 러시아로 이전 완료 발표

1992년 6월 1일: 미국 전략공군사령부, 전략사령부STRATCOM로 개편

1992년 6월 16-17일: 부시와 옐친, 워싱턴 정상회담에서 전략핵무기 보유수를 3500개 미만으로 하고 모든 MIRV ICBM 폐기하기로 합의

1992년 7월 2일: 부시, 해외에 배치된 지상 및 해상 발사 전술핵무기 철수 완료 선언

1992년 9월 23일: 미국, 마지막 지하 핵실험 실시

1993년 1월 3일: 2차 전략무기감축협정START II 서명. 미러 양국, 전략핵무기 보유수 300~3500개로 제한. 그러나 이 조약은 발효되지 않음

1993년 1월 13일: 프랑스, 영구적인 핵실험 중지 선언

1993년 3월 12일: 북한, IAEA의 특별사찰 요구에 반발해 NPT 탈퇴 선언

1993년 3월 24일: 남아프리카공화국 대통령, 6개의 핵무기를 만들었으나, 1990년에 모두 폐기했다고 발표

1993년 6월 11일: 북미 고위급 회담에서 정치적 합의 도달. 북한, NPT 탈퇴

유보

1993년 7월 3일: 클린턴 미국 대통령, 핵실험 중지 연장 및 비축핵무기프로그램 Stockpile Stewardship Program 개시

1993년 7월 22일: 벨로루시, NPT 가입

1993년 10월 4일: 중국, 전세계적으로 1년간 지켜져 온 핵실험 중지를 깨고 지하 핵실험 단행

1993년 12월: 클린턴 행정부, SDI 구상 폐기 선언. 대신 전역미사일방어체제TMD 추진

1994년 1월: 미국-러시아-우크라이나 3자 합의. 우크라이나 자국 내 영토에 있는 모든 핵무기를 러시아로 이전하고 러시아는 이를 폐기하기로 함

1994년 1월: 클린턴 행정부, 비축핵무기프로그램의 네 가지 목적 발표. (1)지하핵실험을 하지 않고 비축된 핵무기의 안전성과 신뢰성과 유연성을 확보하고 (2)핵위협에 대응할 능력을 확보하며 (3)핵무기 제조 규모 축소 및 환경영향 평가를 실시하고 (4)특수핵물질 및 3중수소tritium의 이용가능성을 확인하는 것에 있다고 발표함

1994년 1월: 제네바 군축회의에서 포괄핵실험금지조약CTBT: Comprehensive Test Ban Treaty 개시

1994년 2월 14일: 카자흐스탄 NPT 가입

1994년 6월 중순: 북핵 문제로 북미간의 갈등이 격화되면서 한반도 전쟁 위기 도래. 지미 카터 전 미국 대통령의 김일성 주석 면담을 계기로 위기국면 대화로 전환

1994년 6월: 중국, 9개월만에 지하 핵실험 또 실시

1994년 10월 21일: 북미 제네바 기본합의 채택. 1차 한반도 핵위기 해소

1994년 10월 7일: 중국, 12개월만에 또 다시 지하 핵실험 실시

1994년 12월 5일: 우크라이나 NPT 가입

1995년 4월 5일: 클린턴, 1978년 소극적 안전보장NSA: Negative Security Assurance 재확인

1995년 5월 11일: NPT 재검토 및 연장 회의 폐막. NPT를 무기한 연장하기로 합의하고 “비확산 및 핵군축을 위한 원칙과 목표” 채택

1995년 5월 15일: 중국, 지하 핵실험 실시

1995년 8월 1일: 미국의 JASON 연구팀, 미국은 핵실험 없이도 핵무기의 안전성과 신뢰성을 유지할 수 있다는 결론 발표

1995년 8월 17일: 중국, 4개월만에 또 지하 핵실험 실시

1995년 9월 5일: 프랑스, 6차례의 연속 핵실험 가운데 첫 번째 실험 무루로아섬에서 실시.

1995년 10월: 미국, 네바다 핵실험장에서 6차례의 미임계 핵실험 실시 계획 발표. 2차례는 96년에, 4차례는 97년에 실시

1996년 1월 27일: 프랑스 6차례의 연속 핵실험 가운데 마지막 실험 실시. 이틀 후 시라크 대통령 핵실험 중지 선언

1996년 3월 25일: 미국, 영국, 프랑스 남태평양 비핵지대 조약에 가입

1996년 4월 11일: 아프리카 비핵지대 조약 채택. 미국, 영국, 프랑스, 중국 비핵지대 조약 의정서에 서명

1996년 6월 1일: 우크라이나, 구소련의 전략핵무기 러시아 이전 완료 선언

1996년 6월 8일: 중국, 핵실험 실시. 핵실험 중지 및 CTBT 가입 이전에 한차례의 핵실험이 남아 있다고 발표

1996년 7월 8일: 국제사법재판소ICJ 핵무기 사용 및 사용 위협에 대한 합법성 검토 결과 발표. 만장일치로 핵무기의 사용 및 사용 위협은 자위적 목적을 제외한 무력 사용을 금지하는 유엔헌장을 위반한다고 발표.

그러나 다수 의견으로 핵무기 사용 및 사용 위협을 금지하는 국제법도 존재하지 않는다고 발표

1996년 7월 29일: 중국 마지막 핵실험 실시

1996년 9월 16일: 프랑스, 지상에 배치된 핵무기 제거

1996년 9월 24일: CTBT 서명 개시

1996년 11월 96일: 러시아, 벨로루시의 마지막 전략핵탄두 러시아로 이전 완료 선언

1996년 12월 10일: 나토, "새로운 회원국에 핵무기를 배치할 의도, 계획, 이유가 없다"고 선언

1996년 12월 19일: 미국 에너지부, 핵무기 관련 산업을 10~15% 축소하겠다고 발표

1997년 2월 24일: 미국 전략사령부, 지하 목표물을 파괴할 수 있도록 B61 핵폭탄 성능 개량 성공 발표

1997년 3월 21일: 클린턴-옐친 헬싱키 정상회담에서 START II가 발효되면, 양국의 핵무기 수를 2000~2500개로 제한하는 START III 협상 개시키로 합의

1997년 5월 15일: 4개년국방정책검토QDR: Quadrennial Defense Review 발표. 러시아 두마가 START II를 비준하기 전까지 미국도 주요 핵전력을 유지해야 할 필요성 강조

1997년 5월 15일: IAEA 이사회, 추가의정서 채택. IAEA의 검증체제를 강화하기 위해 핵활동에 대한 정보 접근성을 강화하고, 핵시설과 지역에 대한 접근성을 강화하며, 새로운 탐지 기술의 이용을 극대화하기로 함

1997년 7월 7일: 폴란드, 헝가리, 체코 나토에 가입

1997년 9월 22일: 클린턴, 의회에 CTBT 비준 요청

1998년 4월 7일: 영국과 프랑스, 핵보유국 가운데 처음으로 CTBT 비준

1998년 5월 11일: 인도, 1974년 이후 처음으로 세 차례의 지하 핵실험 실시

1998년 5월 13일: 인도, 두 차례의 핵실험 실시

1998년 5월 28일: 파키스탄, 5차례의 핵실험 실시

1998년 5월 30일: 파키스탄, 추가 핵실험 실시

1998년 8월 31일: 북한, 3단계 로켓 발사(대포동 1호, 광명성 1호)

1998년 9월 18일: 브라질, NPT 가입

1999년 1월 21일: 미국 국방장관, 북한 등 일부 국가들의 미사일 위협에 대비하기 위해 미사일방어체제 필요하다고 강조. 클린턴 행정부 이 시스템을 위해 66억달러 예산 편성

1999년 3월 18일: 미 의회 미사일방어MD 법안 승인

1999년 4월 11일: 인도, 핵탑재가 가능한 중거리 미사일 '아그니Agni' 시험 발사

1999년 4월 13일: 파키스탄, 인도의 미사일 시험에 대응해 가우리 2호 시험 발사

1999년 5월: 미국, 북한 금창리 방문. 지하 핵시설이 있다는 근거 발견 못함

1999년 9월 13일: 북미 베를린 선언. 북한의 미사일 시험 발사 유예 및 미국의 대북경제제재 완화 합의

1999년 10월 13일: 미 상원, CTBT 비준안 51 대 48로 부결

1999년 12월: 미국 에너지부 장관, 비축핵무기프로그램Stockpile Stewardship Program 운영상태에 만족하고 지하핵실험을 실시하지 않더라도 미국의 핵전력의 신뢰성 유지 가능 발표

1999년 12월 13일: 러시아 두마, START II 조약 비준 연기

1999년 12월 14일: 러시아 다탄두 전략 핵미사일인 토폴-MTopol-M 시험 발사.

이는 미국의 MD에 대응하기 위한 것이라고 발표

1999년 12월 16일: 1994년 북미 제네바 합의에 따라 북한에 제공하기로 한 2기의 경수로 공급협정 체결. 사업규모는 46억달러

2000년 4월 19일: 러시아 연방의회, START II 비준

2001년 9월 11일: 9.11 테러 사건 발생

2001년 12월: 미 국방부, 핵태세검토NPR 보고서 작성. 일부 비핵국가들에 대한 핵선제공격 및 새로운 삼중점New Triad 채택

2001년 12월 14일: 부시, ABM 조약에서 탈퇴하겠다고 선언. 6개월 후에 탈퇴.

2002년 1월: 미국, 탄도미사일방어국BMDO: Ballistic Missile Defense Office을 미사일방어국MDA: Missile Defense Agency으로 개편

2002년 5월 24일: 부시와 푸틴, 모스크바 조약에 서명. 실전배치되는 핵탄두 수를 2012년까지 1700~2200개로 감축하기로 함

2002년 6월 13일: 미국, ABM 조약에서 탈퇴

2002년 6월 14일: 러시아, START II에서 탈퇴. 1993년에 양국이 서명한 이 조약은 이후에도 의회 비준을 거치지 않아 발효되지 않았음

2003년 1월 10일: 북한, NPT 탈퇴 선언

2003년 12월 3일: 리비아, 대량살상무기 포기 선언

2004년 1월 6일: 리비아 CTBT 비준

2004년 1월 22일: 엘바라데이 IAEA 사무총장, 이란에게 핵사찰 협조 요청

2004년 1월 23일: 리비아, 유엔 사찰단에 핵관련 장비 인도

2004년 1월 24일: 데이비드 케이 이라크 조사그룹 단장, 1990년대 이후 이라크의 대량살상무기 개발 증거가 없다며 단장직에서 사임. 콜린 파월 미국 국무장관, 이라크에 대량살상무기 부재 인정

2004년 1월 28일: 파키스탄 정부, A.Q 칸 네트워크 조사 결과 발표. 칸 네트워크가

이란, 북한, 리비아에 농축 우라늄 설비 제공했다고 발표

2004년 2월 11일: 부시 미국 대통령 핵물질 수출 통제 및 "깡패국가"들에 대한 정보 활동 및 법집행 강화 방침 천명

2004년 2월 12일: 엘바라데이 IAEA 사무총장, 미국 등 핵보유국에 NPT 6조(핵무기 폐기 약속) 이행 촉구

2004년 2월 17일: 파키스탄 정부 "핵보유국들이 자신들에 대한 핵사찰을 허용하지 않고 있다"는 이유로 자국도 국제 사찰단 조사 활동 불허 방침 재확인

2004년 2월 18일: 인도와 파키스탄, 핵관련 신뢰구축, 카슈미르 분쟁, 테러리즘과 경제협력 등에 관해 고위급 회담 개최 합의

2004년 2월 22일: 미국 국방부, 지구 온난화로 식량과 석유 확보 경쟁 가속화 경고. 이에 따라 식량과 원유 확보 위해 핵확산 우려 대두될 것이라고 전망

2004년 2월 28일: 북한 6자회담에서 '동결 대 보상' 거듭 제안. 미국 거부

2004년 3월 9일: 파키스탄, 인도 전역을 타격할 수 있는 샤힌 2호Shaheen II 시험 발사

2004년 3월 10일: 리비아, IAEA 추가의정서 서명

2004년 3월 18일: 미국 정부, 파키스탄이 NPT에 가입하고 IAEA 추가의정서에 서명하면 재정 지원과 군사적 억제력 제공 약속 제시

2004년 3월 18일: 캐나다 정부, 미국 주도의 MD에 불참 방침 천명

2004년 3월 26일: 49명의 미국 전직 장군들, 부시 대통령에게 MD 실전배치 연기 요청 서한 발표

2004년 3월 29일: 러시아 국방부, 미국의 MD 시스템 무력화시킬 수 있는 "혁명적 무기" 개발 방침 발표

2004년 3월 31일: 미국 행정부, 의회에 새로운 소형 핵무기 개발 보고서 제출

2004년 4월 21일: 이스라엘의 핵무기 보유 사실을 폭로해 18년간 구금 상태에 있었던 모르데차이 바누누 석방. 그러나 외국인 접견 등 시민권은 계속 제약 당함

2004년 4월 28일: 부시 행정부가 제출한 유엔 안보리 결의안 1540호 만장일치로 채택. 테러집단과 북한, 이란 등 일부 국가들의 대량살상무기 보유 및 확산을 저지하기 위해 유엔 회원국의 모든 노력 경주 촉구

2004년 5월 25일: 미국, 네바다 사막에서 미임계 핵실험 실시

2004년 5월 26일: 프랑스, 베트남에 원자력 발전소 건설 협약 체결. 2020년에 완공 예정

2004년 5월 29일: 파키스탄, 핵탄두 탑재가 가능하고 사거리가 1500km에 달하는 가우리 미사일 시험 발사 성공. 6월 4일에 2차 시험 발사

2004년 6월 16일: 미국의 9.11 위원회, 미국 핵발전소 테러공격에 취약하다고 발표

2004년 6월 19~20일: 인도-파키스탄, 군사적 신뢰구축의 일환으로 핵무기 관련 직통전화(핫라인) 개설 합의

2004년 6월 21~25일: 3차 6자회담 개최. 북한의 검증가능한 핵 폐기와 이에 대한 상응조치 제공 필요성에 대한 선언적인 합의

2004년 6월 27일: 이란 정부, 미국과 유럽의 압력에 아랑곳하지 않고 우라늄 농축 계속하겠다는 입장 천명

2004년 7월 9일: 엘바라데이 IAEA 사무총장, 미국을 포함한 20여개 나라에 '핵 암시장' 존재한다고 주장

2004년 7월 13일: 폴란드 정부, 미국의 MD 기지 폴란드 내 건설 문제 협의 사실 시인

2004년 7월 16일: 1945년 8월 9일, 나가사키에 핵폭탄을 투하했던 B-29 전폭기

조종사 사망

2004년 7월 29일: 아리엘 샤론 이스라엘 총리, 중동 평화협상이 마무리되고 주변국이 대량살상무기를 포기하면 이스라엘도 "억제력"의 필요성에 대해 재고할 수 있다고 말함. 여기서 억제력이란 핵무기를 의미하는 것으로 보임

2004년 7월 29일: 미국-이스라엘, 탄도미사일 요격미사일인 애로우 시스템 최초 시험

2004년 8월 9일: 일본 후쿠니현 소재 미하마 핵발전소 사고로 7명 사망, 7명 부상. 일본 최악의 원전 사고로 기록됨

2004년 8월 26일: 유럽에 배치된 미국 핵무기를 철수하라는 국제사회의 요구 일축

2004년 8월 24일: 중국, 법적 구속력을 갖춘 '우주 군비경쟁 금지 협약' 체결 촉구

2004년 8월 29일: 인도, 1999년과 2001년에 이어 핵탄두 탑재가 가능한 사거리 2000km의 아그니-2호 미사일 시험 발사

2004년 9월 ·1일: IAEA, 이란이 비밀리에 핵무기를 개발하고 있다는 미국의 주장을 뒷받침해주는 근거를 발견하지 못했다고 밝힘

2004년 9월 2일: 한국정부, 일부 핵과학자들이 정부에 보고하지 않고 실험용으로 우라늄 농축 활동 했다고 발표

2004년 9월 27일: 북한의 최수헌 외무성 부상, 유엔 총회 연설에서 미국의 대북적대정책을 비난하면서 8000천개의 사용후 연료봉을 재처리했다고 발표

2004년 10월 11일: 대만, 비밀리에 핵무기 개발해오고 있다는 일부 주장 부인. 1980년대에 핵개발 포기했다는 점 거듭 강조

2004년 10월 22일: 일본 원자력 위원회, 재처리 능력 확대를 골자로 하는 장기 국가 핵정책 발표

2004년 11월 10일: 미국 미사일방어국, 최초로 메가와트급 항공기탑재레이저 시험 실시

2004년 11월 12일: 미국 미사일방어국, 알래스카 포트 그릴리에 1단계 MD 배치 완료 선언

2004년 11월 22일: 미국 의회, 소형 핵무기 개발 프로그램인 지표관통형핵무기 Robust Nuclear Earth Penetrator 프로그램 예산 삭감

2004년 11월 26일: IAEA, 한국의 미신고 핵활동(극소량의 우라늄 농축 및 플루토늄 추출)에 대한 사찰을 마무리하고, "한국의 미신고 활동은 우려 사항이었지만, 한국 정부가 적절한 조치를 취했다"며 한국을 유엔안보리에 회부하지 않기로 결정

2004년 11월 26일: 한반도에너지개발기구KEDO, 북한의 신포에 건설 중이던 경수로 사업 무기한 중단 발표

2004년 12월 17일: 미국과 일본, MD 시스템 개발 협력에 관한 협정에 서명. 이에 앞서 일본은 무기 수출 3원칙을 완화해, MD 관련 물자 미국에 수출키로 함

2005년 1월 10일: 럼스펠드 미국 국방장관, 에너지부 장관에게 지표관통형핵무기 개발 프로그램 예산이 내년도 예산도 포함되어야 한다는 메모 전달

2005년 2월 3일: 세계 3대 우라늄 생산국인 니제르 IAEA 추가의정서 비준

2005년 2월 4일: 바하마 CTBT 서명. CTBT 서명국 175개국

2005년 2월 10일: 북한, 핵무기 보유 선언

2005년 2월 24일: 캐나다, 미국의 MD 체제에 불참 의사 거듭 확인

2005년 3월 28일: 미국의 포드 행정부 당시 미국이 이란에게 우라늄 농축

프로그램 보유를 권고한 내용이 해제된 비밀문서를 통해 확인됨

2005년 4월 13일: 유엔 총회, 핵 테러리즘 억제를 위한 국제협약 채택에 합의

2005년 4월 21일: 벨기에 상원, 자국 내에 배치되어 있는 미국의 전술 핵무기의 점진적인 철수를 요구하는 결의안 채택

2005년 5월 2일: 제7차 NPT 검토회의 뉴욕 유엔본부에서 개막

2005년 5월 10일: 이란 정부, 2004년 11월 파리 합의에 따라 중단했던 우라늄 농축 활동 재개 선언

2005년 5월 11일: 북한, 2005년 4월 가동 중단한 5MWe 원자로에서 8천개의 연료봉 제거 완료 발표. "방어적 목적으로 핵무기고를 증강시키기 위한 적절한 조치를 취할 것"이라고 말해, 재처리 강력 시사

2005년 5월 16일: 이란 의회, 핵연료 제조 재개를 촉구하는 법안 제정

2005년 5월 26일: 미국 하원, 지표관통형핵무기 개발 예산 전액 삭감. 핵탄두 대체 프로그램에는 2천5백만 달러 편성

2005년 5월 27일: 제7차 NPT 검토회의, 최종 합의문 채택하지 못하고 폐막. NPT 위기론 대두

2005년 5월 29일: 이란, 사거리 2000km의 샤하브-3호 미사일 시험 발사

2005년 6월 8일: 미국 주도의 대량살상무기확산방지구상PSI 16차 훈련 스페인 인근 해안에서 실시

2005년 6월 13일: 엘바라데이 IAEA 사무총장, 4년 임기의 사무총장 재선출

2005년 6월 14일: 일본 중의원, 자위대가 총리나 내각의 승인없이 탄도미사일 요격할 수 있는 권한 부여 법안 채택

2005년 6월 16일: 중국, 둥펑-31호 개량형인 주랑-2호 잠수함 발사 핵미사일 시험 발사

2005년 6월 17일: 미국 공군, 1958년 항공기 충돌 사고로 조지아 해안에서

분실한 1개의 핵무기 수색 포기

2005년 7월 25일: 온두라스, IAEA 추가의정서에 100번째 서명국이 됨

2005년 8월 6일: 인도와 파키스탄, 우발적 충돌을 방지하기 위해 탄도미사일 시험 발사시 상대방에게 미리 통보하기로 합의

2005년 9월 7일: 미국의 민간 연구기관인 과학 및 국제안보 연구소ISIS, 전세계에 30만개 이상의 핵무기를 만들 수 있는 핵물질 존재한다고 발표

2005년 9월 19일: 6자회담, 북한 핵문제 해결과 한반도 평화 구축을 위한 9.19 공동성명 채택

2005년 10월 27일: 미국과 일본, 일본이 미국에게 핵항공모함 기지 제공 합의 발표

2005년 11월 1일: 러시아, 비행 중에 궤도 수정이 가능한 Topol-M 대륙간탄도미사일 시험 발사

2006년 1월 19일: 자크 시라크 프랑스 대통령, 자국에 대한 테러 공격이나 대량살상무기를 이용한 공격에 대해 핵무기로 보복할 수 있다는 방침 천명

2006년 3월 2일: 미국과 인도, 민수용 핵 협력을 골자로 하는 핵협상 타결 발표

2006년 3월 31일: 일본 아오모리현 소재 로카쇼무라 재처리 공장 가동 시작

2006년 6월 1일: 유엔의 대량살상무기 위원회, '공포의 무기: 화생방 무기 없는 세상을 위하여' 보고서 유엔 사무총장에 제출

2006년 8월 21일: IAEA, 2005년에 핵물질 불법 거래가 100건 이상 있었다고 발표

2006년 8월 23일: 이스라엘, 독일로부터 핵무기 탑재가 가능한 2척의 잠수함 도입

2006년 9월 8일: 구소련 국가들인 타지키스탄, 투르메니스탄, 키르기즈스탄, 카자흐스탄, 우즈베키스탄, 중앙아시아 비핵지대 창설 합의

2006년 10월 9일: 북한, 최초의 핵실험 단행

2006년 10월 15일: 일본의 아베 신조 총리, 핵무기 개발 및 보유 의사 없다고 재천명

2006년 11월 16일: 미국 상원, 미국-인도 핵협정 85 대 12로 비준

2006년 11월 24일: 중국과 파키스탄, 공동 핵개발을 위한 무역 협정 합의

2006년 12월 4일: 토니 블레어 총리, 390억달러 상당의 핵무기 현대화 계획 발표. 핵무기 보유수를 200개에서 160개로 줄이는 대신, 잠수함 발사 핵미사일 전력 강화가 주요 골자

2007년 1월 4일: 헨리 키신저 등 미국의 저명 인사들, 핵무기 없는 세상을 촉구하는 기고문 월스트리트저널에 게재

2007년 1월 17일: 핵과학자협회 소속 과학자들, '지구 종말의 시계' 자정 5분 전으로 조정

2007년 1월 19일: 요르단 국왕, 평화적 핵 프로그램 개발 의사 밝힘

2007년 2월 13일: 6자회담, 북한의 영변 핵시설 봉인 및 폐쇄와 대북 에너지 지원 제공을 골자로 하는 2.13 합의 채택

2007년 3월 14일: 영국 하원, 400억 달러 상당의 신세대 핵무기 프로그램 승인

2007년 3월 20일: 미국, 베트남의 핵발전소 건설 지원 약속

2007년 4월 18일: 미국 상원, 부시 행정부의 핵탄두 대체Reliable Replacement Warhead프로그램에 부정적 의견 피력

2007년 5월 23일: 미국 하원, 핵탄두 대체 프로그램 예산 대폭 삭감

2007년 6월 17일: 북한, 미국이 방코델타아시아BDA 문제를 해결하자 유엔

사찰단 영변 핵시설에 초청장 발부

2007년 7월 2일: 부시-푸틴 정상회담에서 러시아는 미국이 동유럽에 MD 시스템을 배치하려는 계획 철회 거듭 요구

2007년 7월 3일: 일본의 후미오 큐마 국방장관, 미국의 히로시마와 나가사키 핵폭탄 투하 옹호 발언 여파로 사임

2007년 8월 29일: 미국 B-52 폭격기, 상부의 승인없이 핵폭탄을 탑재한 상태에서 미국 본토 종단 비행

2007년 9월 6일: 이스라엘, 시리아 핵개발 의심 시설 폭격. 미국과 이스라엘은 확인을 거부하고 시리아는 핵개발설 부인

2007년 10월 3일: 6자회담, 북한의 핵 불능화 및 신고와 대북 에너지 제공 및 테러지원국 해제를 골자로 하는 10.3 합의 채택. 미국 과학자들, 소규모 핵전쟁으로도 지구 온난화보다 더욱 심각한 기후 변화 야기 주장

2007년 10월 18일: 미국 국무부, 이란의 우라늄 농축 활동을 포기하더라도 동유럽 MD 배치 강행 시사

2007년 10월 29일: 미국과학아카데미, 부시 행정부의 핵 재처리 방침에 반대 의견 표명

2007년 11월 1일: 1945년 8월 6일 히로시마에 핵폭탄을 투하한 비행기 조종사, 파울 티벳 92세 나이로 사망

2007년 12월 3일: 미국 정보기관, 이란이 2003년에 핵무기 개발을 중단했다는 분석 결과 공개

2007년 12월 16일: 체코 국민 68%, 미국의 MD 시스템 체코 배치 반대

2007년 12월 17일: 미국 의회, 부시 행정부가 요구한 핵탄두 대체 프로그램 예산 책정 거부